Julia Euskirchen

Geldwäscheprävention und Compliance Management Systeme

Praxisleitfaden für Unternehmen

Euskirchen, Julia: Geldwäscheprävention und Compliance Management Systeme. Praxisleitfaden für Unternehmen. Hamburg, Igel Verlag RWS 2017

Buch-ISBN: 978-3-95485-352-6
PDF-eBook-ISBN: 978-3-95485-852-1
Druck/Herstellung: Igel Verlag RWS, Hamburg, 2017

Bibliografische Information der Deutschen Nationalbibliothek:
Die Deutsche Nationalbibliothek verzeichnet diese Publikation in der Deutschen Nationalbibliografie; detaillierte bibliografische Daten sind im Internet über http://dnb.d-nb.de abrufbar.

© Igel Verlag RWS, Imprint der Diplomica Verlag GmbH
Hermannstal 119k, 22119 Hamburg
http://www.diplomica.de, Hamburg 2017
Printed in Germany

Inhaltsverzeichnis

Abbildungsverzeichnis IV

Tabellenverzeichnis IV

Abkürzungsverzeichnis V

1   Einleitung 7

2   Geldwäsche 11

   2.1   Definitionen und wichtige Begriffe 11

   2.2   Hintergründe der Geldwäsche – Beteiligte Gruppen 16

      2.2.1   Organisierte Kriminalität 18

      2.2.2   Wirtschaftskriminalität 20

      2.2.3   Terrorismusfinanzierung 21

   2.3   Auswirkungen der Geldwäsche 22

      2.3.1   Auswirkungen der Geldwäsche auf Unternehmen 22

      2.3.2   Auswirkungen der Geldwäsche auf Volkswirtschaften und Gesellschaften 23

   2.4   Drei-Phasen-Modell des Geldwäscheprozesses 24

   2.5   Techniken der Geldwäsche 27

      2.5.1   Transfer von Geldern und Gütern 27

      2.5.2   Transfer der Gelder mittels Überweisung 28

      2.5.3   Transfer mittels Kompensation durch Untergrundbanken 28

      2.5.4   Layering mithilfe von Offshore-Zentren 30

      2.5.5   Handel mit Derivaten auf dem OTC-Markt 31

      2.5.6   Geldwäsche im Internet 32

   2.6   Bekämpfung der Geldwäsche 33

      2.6.1   Internationale Maßnahmen zur Bekämpfung der Geldwäsche 33

      2.6.2   Nationale Maßnahmen zur Bekämpfung der Geldwäsche 43

3   Compliance 50

   3.1   Definition und wichtige Begriffe 50

3.2   Rechtliche Grundlage der Compliance 52

3.3   Elemente eines wirksamen Compliance-Management-Systems 53

    3.3.1   Compliance-Kultur 53

    3.3.2   Compliance-Ziele 54

    3.3.3   Compliance-Risiken 54

    3.3.4   Compliance-Programm 54

    3.3.5   Compliance-Organisation 55

    3.3.6   Compliance-Kommunikation 55

    3.3.7   Compliance-Überwachung und Verbesserung 56

4   Integration des Teilbereichs Geldwäscheprävention in ein CMS nach IDW PS 980 58

4.1   Eine wirksame Compliance-Kultur 58

4.2   Ziele eines Compliance-Management-Systems 61

4.3   Compliance Risk Assessment 63

4.4   Mögliche Maßnahmen eines Compliance-Programms 68

4.5   Merkmale und Bestandteile einer Compliance-Organisation 69

    4.5.1   Zuordnung der Compliance-Verantwortung innerhalb des Unternehmens 70

    4.5.2   Bestandteile der Compliance-Organisation 71

4.6   Grundpfeiler erfolgreicher Compliance-Kommunikation 74

    4.6.1   Verankerung in Unternehmensleitbild und Wertekanon 75

    4.6.2   Prozesse und Instrumente der Compliance-Kommunikation 78

4.7   Praktische Umsetzung der Anforderungen an die Compliance-Überwachung 80

    4.7.1   Überwachungsmaßnahmen 81

    4.7.2   Überwachung der Compliance-Kultur 82

    4.7.3   Reaktion auf festgestellte Verstöße oder Schwachpunkte des CMS 83

5   Geldwäsche in verschiedenen Konzernstrukturen 85

5.1   Definitionen und wichtige Begriffe 85

5.2   Allgemeine Vorgehensweise bei der Geldwäscheprävention in Konzernen 87

5.3   Risikoszenarien 98

5.3.1   Risikoszenario in einem vertikalen Konzern 99

5.3.2   Risikoszenario in einem horizontalen Konzern 104

5.3.3   Risikoszenario in einem Mischkonzern 108

5.3.4   Risikoszenario in einem Mischkonzern mit einem Cash-Pooling-System 110

6   Fazit 114

Literaturverzeichnis 118

Verzeichnis der Gesetze, Rechtsverordnungen & Verwaltungsanweisungen 130

Anhang I: Experteninterview zu Geldwäsche in Konzernen 133

Anhang II: The Egmont Group of Financial Intelligence Units – Mitglieder 134

Anhang III: Auflistung der Vortaten im Sinne des § 261 StGB 139

Anhang IV: Risikobasierter Ansatz 144

Anhang V: Schema zur Überprüfung von natürlichen Personen 146

Anhang VI: Wirkungsweise der Präventionsmaßnahmen 147

Abbildungsverzeichnis

Abbildung 1: Akteure der Geldwäsche 18

Abbildung 2: Geschäftsfelder der Organisierten Kriminalität 20

Abbildung 3: Verwendung der Erlöse aus illegalen Geschäften 20

Abbildung 4: Das Drei-Phasen-Modell der Geldwäscherei 27

Abbildung 5: Kompensationsgeschäft 30

Abbildung 6: Grundelemente eines CMS nach IDW PS 980 57

Abbildung 7: Übersicht der Risiken aus Geldwäschedelikten 65

Abbildung 8: Mögliche Maßnahmen eines Compliance-Programms 69

Abbildung 9: Geldwäscheprävention im CMS am Beispiel des IDW PS 980 84

Abbildung 10: Implementierung der Maßnahmen im CMS 97

Abbildung 11: Vertikaler Konzern 100

Abbildung 12: Horizontaler Konzern 105

Abbildung 13: Mischkonzern 108

Abbildung 14: Cash-Pooling-System in einem Mischkonzern 112

Abbildung 15: Unternehmensübergreifender iterativer Prozess zur Geldwäscheprävention 145

Abbildung 16: Schema zur Überprüfung natürlicher Personen 146

Abbildung 17: Wirkungsweise der Präventionsmaßnahmen im Verhältnis zum Risikopotential... 147

Tabellenverzeichnis

Tabelle 1: Wesentliche Voraussetzungen für die Verpflichtung zur Bestellung eines
Geldwäschebeauftragten 15

Tabelle 2: Mitglieder der Egmont Group 139

Tabelle 3: Auflistung der Vortaten im Sinne des § 261 StGB 140

Abkürzungsverzeichnis

Abb.	Abbildung
ABl.	Amtsblatt
Abs.	Absatz
AktG	Aktiengesetz
Art.	Artikel
BaFin	Bundesanstalt für Finanzdienstleistungsaufsicht
BGBl.	Bundesgesetzblatt, I = Teil I
BGH	Bundesgerichtshof
BKA	Bundeskriminalamt
CCO	Chief Compliance Officer
CMS	Compliance Management System
CPI	Corruption Perceptions Index
DCGK	Deutsche Corporate Governance Kodex
ESAs	European Supervisory Authorities
EU	Europäische Union
EuGH	Europäischer Gerichtshof
EWR	Europäischer Wirtschaftsraum
FATF	Financial Action Task Force
FIU	Financial Intelligence Unit
GewO	Gewerbeordnung
GwBekErgG	Geldwäschebekämpfungsergänzungsgesetz
GwG	Geldwäschegesetz
GwOptG	Geldwäscheoptimierungsgesetz
IDW	Institut der Wirtschaftsprüfer
IKS	Internes Kontrollsystem
KWG	Kreditwesengesetz
KYC	Know your customer
NCCT	non-cooperative countries and territories
OECD	Organisation for Economic Co-operation and Development; (Organisation für wirtschaftliche Zusammenarbeit und Entwicklung)
OK	Organisierte Kriminalität

OrgKG	Gesetz zur Bekämpfung des illegalen Rauschgifthandels und anderer Erscheinungsformen der Organisierten Kriminalität
OTC	Over-the-Counter
PEP	Politisch exponierte Person
PS	Prüfungsstandard
Rn.	Randnummer
StGB	Strafgesetzbuch
VAG	Versicherungsaufsichtsgesetz
VVG	Versicherungsvertragsgesetz
WpHG	Wertpapierhandelsgesetz

1 Einleitung

Nach den Terroranschlägen in den USA im Jahre 2001 und der Wirtschaftskrise in 2008 ist das Thema Geldwäsche verstärkt in das öffentliche Bewusstsein getreten. Auch die aktuell gestiegene Terrorgefahr und die Veröffentlichung der sogenannten Panama Papers[1] stellt das Thema Geldwäsche zurzeit stark in den Vordergrund.

Nachhaltig geprägt wurde der Begriff in den 1920er Jahren durch den legendären amerikanischen Gangsterboss Alphonse Capone (1899 – 1947). Dieser investierte seine illegalen Einnahmen aus Glücksspiel, Schutzgelderpressung und Alkoholhandel in Waschsalons, den sogenannten „laundromats", um deren Herkunft vor dem Finanzamt zu verschleiern. Durch die unübersichtlichen Bargeldmengen, die dort eingenommen wurden, konnte er ebenfalls Einnahmen aus illegalen Tätigkeiten mit dem Umsatz verbinden und sie "waschen".[2]

Geldwäsche beschreibt einen Vorgang, bei dem die Herkunft von illegal erwirtschafteten Vermögensgegenständen verschleiert wird, um diese zu einem späteren Zeitpunkt als scheinbar legales Vermögen im regulären Geschäftsverkehr zu verwenden.[3]

Insbesondere die Organisierte Kriminalität (OK) bedient sich bei der Verfolgung ihrer kriminellen Aktivitäten der Geldwäsche.[4] Neben Privatpersonen, die ihr Konto für die Geldwäsche zur Verfügung stellen, werden auch der Immobilienmarkt, Restaurantbetriebe und Spielhallen immer häufiger dazu missbraucht, Geld reinzuwaschen.[5] Geldwäsche birgt das erhebliche Gefährdungspotential, dass weitere Straftaten mit den illegalen Einnahmen finanziert werden können und die illegal erwirtschafteten Gelder dem legalen Wirtschaftskreislauf zugeführt werden. Die Geldwäsche ermöglicht dadurch die Erschließung neuer Deliktfelder und kann der Wirtschaft enorme Schäden zufügen. In dem im April 2016 veröffentlichten Monatsbericht des Bundesministeriums der Finanzen wird in Deutschland von einem Geldwäschevolumen von bis zu 100 Milliarden Euro pro Jahr ausgegangen. Allein im Nichtfinanzsektor, in dem Geldwäsche häufig unentdeckt bleibt, beträgt das Volumen bereits 20 bis 30 Milliarden Euro pro Jahr.[6] Kri-

---

[1] Als Panama Papers werden vertrauliche Dokumente der panamaischen Kanzlei Mossack Fonseca bezeichnet, die Informationen über Steuerhinterziehung, Geldwäschedelikte, Sanktionsbrüche sowie andere Straftaten durch Kunden des Unternehmens belegen. Die Firma hatte weltweit anonyme Briefkastenfirmen an Politiker, Fifa-Funktionäre, Betrüger und Drogenschmuggler, aber auch Milliardäre, Prominente und Sport-Stars verkauft und deren illegalen Geschäfte verwaltet. Vgl. Obermayer u.a. (o.J.).
[2] Vgl. Kulke (2016).
[3] Vgl. Kuckertz u.a. (2016), S. 85.
[4] Vgl. Dumke (2015).
[5] Vgl. Zeit Online (2012).
[6] Vgl. Bundesministerium der Finanzen (2016), S. 12.

tiker bemängeln, dass sich die Ergebnisse der Studie lediglich aus einer Hochrechnung von Stichproben ergeben und mit einem großen Unsicherheitsfaktor behaftet sind.[7] Dennoch ist es unumstritten, dass eine hohe Geldwäschegefahr in Deutschland existiert und im Rahmen der Geldwäscheprävention deutlichere Maßnahmen getroffen werden müssen. Aufgrund eines extrem großen Bargeldumlaufs, einer offenen Wirtschaft und unzureichender staatlicher Intervention gilt Deutschland als ein attraktiver Ort, um illegal erwirtschaftete Gelder zu säubern. Es wird deshalb international schon seit längerer Zeit als "Geldwäscheparadies" angesehen.[8]

In Folge von Empfehlungen und Maßnahmen verschiedener internationaler Organisationen wie der Financial Action Task Force (FATF) oder der Bundesanstalt für Finanzdienstleistungsaufsicht (BaFin) sowie durch die Einführung der Vierten EU-Geldwäscherichtlinie und Anpassungen im Geldwäschegesetz soll die Bekämpfung von Geldwäsche und Terrorismusfinanzierung weiter vorangetrieben werden. Aktuelle Maßnahmen, wie bspw. die Einführung einer Bargeldobergrenze durch die Bundesregierung, sollen dazu beitragen. Kritiker bemängeln, dass eine solche Obergrenze gravierende Folgen für Branchen haben wird, in denen Bargeld eine große Rolle spielt, und dass die Bürger in ihrer Finanzbewegung eingeschränkt werden.[9]

Häufig sind Geldwäschevorgänge schwer identifizierbar, da sie gut getarnt sind und sich nicht ohne weiteres von alltäglichen Geschäften und Transaktionen unterscheiden. Die Globalisierung der Finanzmärkte hat dazu beigetragen, dass die Geldwäschemethoden komplexer werden und die Behörden bei grenzüberschreitenden Tätigkeiten noch mehr Schwierigkeiten haben, diese Vorgänge zu entdecken. Aus diesem Grund sind sie auf zusätzliche Informationen und die Kooperation mit Unternehmen angewiesen. Viele Unternehmer gehen davon aus, dass sie vom Thema Geldwäsche nicht betroffen sind, da sich ihrer Ansicht nach nur die größeren Unternehmen mit dieser Thematik beschäftigen sollten. Auch wenn es sich bewahrheitet hat, dass die Finanzbranche bisher stärker gegen die Folgen der Geldwäsche ankämpfen musste, können auch Güterhändler Opfer von Geldwäschegeschäften werden. An dieser Stelle setzt das Geldwäschegesetz an: Es verpflichtet viele Unternehmen jeglicher Größe, bei der Geldwäschebekämpfung mitzuwirken.[10]

In diesem Zusammenhang spielt das Thema Compliance eine bedeutende Rolle. Compliance umfasst die Einhaltung aller Gesetze, Verordnungen und Richtlinien sowie aller vertraglichen

---

[7] Vgl. Häring (2016), S. 12.
[8] FOCUS Online (2016) und Scheidges (2011).
[9] Vgl. Greive, Jost, Tauber (2016).
[10] IHK Bodensee-Oberschwaben (o.J.).

Verpflichtungen, freiwillig eingegangenen Selbstverpflichtungen und gesellschaftlicher Wertvorstellungen.[11]

Im Laufe der vorliegenden Lektüre wird untersucht, wie mit einem Compliance Management System (CMS) sichergestellt werden kann, dass Gesetze und interne Vorgaben von den Mitarbeitern eingehalten und Zuwiderhandlungen gegen Gesetze und interne Vorgaben systematisch unterbunden werden können. Dabei wird beschrieben, wie der Teilbereich Geldwäscheprävention in ein CMS eines Unternehmens integriert werden kann, um Geldwäscherisiken frühzeitig zu erkennen und bei Verdachtsfällen proaktiv und gesetzeskonform reagieren zu können.

Bei der Implementierung eines CMS in ein Unternehmen muss neben vielen weiteren Faktoren insbesondere die Konzernstruktur berücksichtigt werden. Abhängig von dieser existieren unterschiedliche Risiken, durch die Unternehmen Opfer von Geldwäschedelikten werden. Um entsprechende Präventionsmaßnahmen zu ergreifen, müssen die Geschäftsmodelle sowie die Risikostruktur der einzelnen Tochterunternehmen analysiert werden.

Es wird angenommen, dass ein Konzern mit einem etablierten und gut funktionierenden CMS das Risiko minimieren kann, Opfer von Geldwäschedelikten zu werden. Das vorliegende Buch thematisiert, welche Rolle ein CMS im Unternehmen einnimmt, wie es aufgebaut werden kann und wie eine entsprechende Implementierung einen Konzern im Kampf gegen Geldwäsche unterstützen kann. Dabei soll erörtert werden, ob die Implementierung zentraler Maßnahmen sinnvoll ist oder ob jede Tochtergesellschaft lokale Vorkehrungen treffen sollte.

Im Analyseteil dieses Buches werden verschiedene Risikoszenarien der Geldwäsche vorgestellt. Darauf aufbauend werden Maßnahmen und Empfehlungen für die Implementierung eines Compliance-Programms in unterschiedliche Konzernstrukturen aufgeführt und gegeneinander abgewogen. Ziel der Untersuchung ist es aufzuzeigen, wie sich vertikale Konzerne, horizontale Konzerne oder Mischkonzerne mit Risikosituationen auseinander setzen und welche Präventionsmaßnahmen implementiert werden können.

---

[11] Vgl. Poppe (2010), S. 1.

Begrifflichkeiten und Abgrenzungen

Nachfolgend sollen Geldwäscherei, Geldwäsche, Geldwaschen und Money Laundering als synonyme Begriffe verstanden werden. Sofern im Folgenden der Begriff Geldwäsche verwendet wird, ist der Bereich der Terrorismusfinanzierung ebenfalls davon erfasst.

Des Weiteren werden die Begriffe Chief Compliance Officer (CCO), Compliance Beauftragter, Compliance Verantwortlicher und Compliance Officer als synonyme Begriffe verwendet.

2 Geldwäsche

Das Wort Geldwäsche bzw. Geldwäscherei ist die äquivalente Übersetzung des englischen Begriffs „money laundering". Der Begriff stammt vom englischen Wort der automatisierten Waschsalonbetriebe ab, den sogenannten „laundromats". Da die Umsätze solcher Betriebe schwer zu kontrollieren sind, investierten verbrecherische Gruppen in diese, um ihre baren Einkünfte aus krimineller Tätigkeit zu verschleiern bzw. zu rechtfertigen.[12]

In aller Regel tritt Geldwäsche im Zusammenhang mit der OK und Wirtschaftskriminalität auf. Zu ihrem Beiwerk zählen u.a. Korruption und Bestechung, Anstiftung zur Untreue und Erpressung, Urkundenfälschung, Subventionsbetrug, Steuerhinterziehung sowie Buchführungs- und Bilanzmanipulation. Geldwäsche ist gleichzeitig Voraussetzung und Konsequenz dieser Tatbestände: Illegal erlangte Gewinne müssen gewaschen werden, um sie ohne Probleme verwenden zu können. Die Wäsche beschreibt den Vorgang, in dem das illegal erzielte, "schwarze" Geld, zu legalem, "weißen" Geld wird. Das scheinbar legale Vermögen bildet dann den finanziellen Grundstock der Kriminellen, der für neue kriminelle Tätigkeiten zur Profiterzielung genutzt werden kann.[13] Demzufolge zielt die Geldwäsche darauf ab, illegal erwirtschaftete Vermögensgegenstände in den legalen Wirtschafts- und Finanzkreislauf einzubringen und somit die wahre Herkunft zu verschleiern.[14]

2.1 Definitionen und wichtige Begriffe

In der internationalen Literatur finden sich viele unterschiedliche Definitionen von Geldwäsche. Grundsätzlich unterscheiden sich die Definitionsversuche durch zwei Kategorien. Während einige Definitionen den Schwerpunkt auf die Tätigkeit des Geldwaschens legen (im Folgenden als „kriminologische" Definition bezeichnet), sind die anderen juristisch geprägt und verfolgen einen strafrechtlichen Definitionsansatz.[15] In den folgenden Abschnitten werden diese vorgestellt, bevor anschließend weitere für den Verlauf des Buches relevanten Begrifflichkeiten erläutert werden.

Der kriminologische Begriff der Geldwäsche

In der deutschen Literatur existieren mehrere kriminologische Definitionen, die in ihren Hauptaussagen übereinstimmen. Herzog und Mülhausen vereinen die Definitionen mehrerer Autoren und beschreiben Geldwäsche als *„jeden rechtlichen oder tatsächlichen Vorgang, der*

---

[12] Vgl. König (2003), S. 18.
[13] Vgl. König (2003), S. 21.
[14] Vgl. König (2003), S. 101.
[15] Vgl. Altenkirch (2006), S. 3.

dazu dient, die Spuren der unrechtmäßigen Herkunft von Erlösen aus Straftaten wirksam zu verschleiern, um so die unerlaubt erlangten Vermögenswerte (in der Regel Geld) als scheinbar legales Vermögen in den regulären Wirtschafts- und Finanzkreislauf einzuführen."[16] Laut Altenkirch ist die Geldwäsche als phänomenologische Definition zu betrachten und umschreibt sie als *„finanzielle Transaktion, die darauf abzielt, die Herkunft illegaler Vermögensgegenstände zu verschleiern, um diese später legal im Geschäftsverkehr verwenden zu können."*[17] Hafner beschreibt die Geldwäscherei als eine Technik, die die Herkunft illegal erworbenen Eigentums verdecken soll.[18] Diese Definitionen der Geldwäsche haben gemeinsam, dass sie Vermögensgegenstände oder Gewinne beschreiben, die aus einer Straftat resultieren. Zusätzlich beinhalten sie das Ziel, die Spuren des illegal erworbenen Vermögens zu verwischen, um somit die Beschlagnahme durch die Behörden zu verhindern. Eine präzise Begriffsbestimmung, die die oben genannten Merkmale aufgreift, wird von der President's Commission on Organized Crime der USA vorgelegt: *„Money Laundering is the process by which one conceals the existence of an illegal source, or illegal application of income, and disguises that income to make it appear legitimate."*[19]

Der rechtliche Begriff der Geldwäsche

Der juristische Begriff der Geldwäsche wird durch den Straftatbestand der Geldwäsche bestimmt. In Deutschland beinhaltet das Strafgesetzbuch (StGB) in § 261 eine Legaldefinition der Geldwäsche. Nach § 261 Abs. 1 S. 1 StGB begeht derjenige Geldwäsche, bzw. Verschleierung unrechtmäßig erlangter Vermögensgegenstände, der *„einen Gegenstand, der aus einer ... rechtswidrigen Tat herrührt, verbirgt, dessen Herkunft verschleiert oder die Ermittlung der Herkunft, das Auffinden, den Verfall, die Einziehung oder die Sicherstellung eines solchen Gegenstandes vereitelt oder gefährdet."* Weiterhin definiert § 261 Abs. 2 StGB, dass derjenige Geldwäsche begeht, der einen solchen Gegenstand *„sich oder einem Dritten verschafft oder verwahrt oder für sich oder einen Dritten verwendet, wenn er die Herkunft des Gegenstandes zu dem Zeitpunkt gekannt hat, zu dem er ihn erlangt hat."*[20] Hieraus geht hervor, dass die Geldwäsche im strafrechtlichen Sinn jede einzelne isoliert betrachtete Teilhandlung der Geldwäsche im wirtschaftlichen Sinn umfasst.[21]

---

[16] Vgl. Vogt (2006), § 1, Rn. 2.
[17] Altenkirch (2006), S. 3.
[18] Vgl. Hafner (2002), S. 9.
[19] President's Commission on Organized Crime (1984), S. 7.
[20] Vgl. § 261 StGB.
[21] Vgl. Klippl (1994), S. 11.

Einige Wissenschaftler sind der Meinung, dass die im StGB aufgeführte Definition der Geldwäsche zu kompliziert und unüberschaubar ist. Insbesondere wird kritisiert, dass sich die im § 261 Abs. 1 StGB genannten Tathandlungen häufig überschneiden.[22] Für eine kriminologische Untersuchung gilt diese Begriffsbestimmung als zu eng formuliert, da lediglich die Wäsche von Vermögenswerten aus bestimmten deliktischen Vortaten unter Strafe gestellt wird.[23]

Aus diesem Grund orientiert sich das vorliegende Buch nur beschränkt an der juristischen Definition. Sofern nicht explizit auf das Gesetz verwiesen wird, liegt die Ausarbeitung folgender Definition zugrunde, die sich aus dem Vergleich verschiedener Definitionen der Geldwäsche ergibt: Geldwäsche kann als Prozess verstanden werden, bei dem illegal erzielte Vermögenswerte – „schmutzige" Gelder (z.B. aus Drogen-, Menschenhandel, Erpressung, Raub) – in den legalen Wirtschafts- und Finanzkreislauf eingeschleust werden. Diese Vorgehensweise verschleiert die Spuren der wahren Herkunft von Werten und entzieht diese somit dem Zugriff der Strafverfolgungsbehörden. Gleichzeitig soll so eine mögliche Strafverfolgung der Personen unterbunden werden, die die kriminellen Vortaten begangen haben.[24]

Intern betriebene Geldwäsche

In jedem Konzern besteht das Risiko der intern betriebenen Geldwäsche. Das bedeutet, dass Geldwäsche aktiv von Mitarbeitern des Unternehmens begangen wird. Die Schwerpunkte der Regulierungsmaßnahmen in diesem Fall sind in § 261 StGB zu finden.[25]

Extern betriebene Geldwäsche

Extern betriebene Geldwäsche bedeutet, dass die Geschäftätigkeit des Unternehmens für Zwecke der Geldwäsche missbraucht wird. In diesem Fall wickeln Mitarbeiter unbewusst Geschäfte ab, die zu einer Verschleierung der Herkunft inkriminierter Vermögensgegenstände führen. In diesem Fall gibt § 17 des Geldwäschegesetzes (GwG) die Regulierungsmaßnahmen vor.[26]

Verpflichtete

Die von der Geldwäscherichtlinie betroffenen Personen und Unternehmen nennt man „Verpflichtete." Eine genaue und abschließende Aufzählung der durch das Geldwäschegesetz als

---

[22] Vgl. Wienold (2010), S. 29.
[23] Vgl. Suendorf (2001), S. 44.
[24] Vgl. König (2003), S. 21.
[25] Vgl. Mayer (2016).
[26] Vgl. Mayer (2016).

Verpflichtete definierten findet sich in § 2 Abs. 1 GwG.[27] Gemäß Artikel 2 Abs. 1 der Vierten EU-Richtlinie zählen dazu neben Kredit- und Finanzinstituten, auch bestimmte Dienstleister aus dem Nichtfinanzsektor, wie z.B. Rechtsanwälte, Notare und Immobilienmakler. Die Mitgliedsstaaten können den Verpflichtetenkreis auf weitere Berufe und Unternehmenskategorien ausweiten, die Tätigkeiten ausführen, die mit einer hohen Wahrscheinlichkeit zur Geldwäsche oder Terrorismusfinanzierung genutzt werden.[28]

Geldwäschebeauftragter

Eine wichtige Rolle im Kampf gegen Geldwäsche und Terrorismusfinanzierung nimmt der Geldwäschebeauftragte eines Unternehmens ein. Obwohl keine unmittelbare Pflicht zur Bestellung eines Geldwäschebeauftragten für Güterhändler besteht, ist er ein wesentlicher Bestandteil der internen Sicherungsmaßnahmen.[29] Gemäß § 9 Abs. 2 Nr. 1 GwG müssen ausgewählte Verpflichtete im Sinne von § 2 Abs. 1 GwG einen Geldwäschebeauftragten bestellen, der Ansprechpartner für die Strafverfolgungsbehörden, das Bundeskriminalamt (BKA) und andere zuständige Behörden ist.[30] Auch wenn demnach lediglich Finanzunternehmen, Spielbanken sowie Veranstalter und Vermittler von Glücksspielen im Internet verpflichtet sind, einen Geldwäschebeauftragten zu bestellen, ist dies für Güterhändler ebenfalls sinnvoll. Die zuständige Aufsichtsbehörde kann auch für andere Verpflichtete anordnen, einen Geldwäschebeauftragten und einen Vertreter zu bestellen, wenn sie dies für angemessen erachtet.[31] In der Regel muss eine Bestellung erfolgen, wenn die in Tabelle 1 genannten Voraussetzungen kumulativ bei dem betreffenden Unternehmen erfüllt sind.

---

[27] Vgl. § 2 Abs. 1 GwG.
[28] Vgl. BaFin (2015a).
[29] Vgl. Bausch/ Voller (2014), S. 228.
[30] § 9 Abs. 2 GwG.
[31] Vgl. §§ 9 Abs. 4 Satz 3, 16 Abs. 2 Nr. 9 GwG in Verbindung mit § 8 Abs. 3 LOG.

Nr.	Anforderung
1.	Der Güterhändler handelt mit folgenden hochwertigen Gütern: Edelmetalle (wie Gold, Silber und Platin), Edelsteine, Schmuck und Uhren, Kunstgegenstände und Antiquitäten, Kraftfahrzeuge, Schiffe und Motorboote sowie Luftfahrzeuge
2.	Der Handel mit diesen Gütern hat über 50 % des Gesamtumsatzes im vorherigen Wirtschaftsjahr ausgemacht (Haupttätigkeit)
3.	Zum Ende des vorherigen Wirtschaftsjahres waren insgesamt mindestens zehn Mitarbeiter in den Bereichen Akquise, Kasse, Kundenbuchhaltung, Verkauf und Vertrieb einschließlich Leitungspersonal (insbesondere Geschäftsführung) beschäftigt
4.	Im vorherigen Wirtschaftsjahr wurde bei mindestens einem Geschäftsvorgang Bargeld im Wert von 15.000 Euro oder mehr angenommen. Geschäftsvorgänge, bei denen mehrere Bartransaktionen durchgeführt werden, die zusammen einen Betrag im Wert von 15.000 Euro oder mehr ausmachen und bei denen Anhaltspunkte dafür vorliegen, dass zwischen ihnen eine Verbindung besteht, sind als ein Geschäftsvorgang anzusehen

Tabelle 1: Wesentliche Voraussetzungen für die Verpflichtung zur Bestellung eines Geldwäschebeauftragten
Quelle: Bausch/ Voller (2014), S. 230.

Güterhändler, die in den Zuständigkeitsbereich mehrerer zuständiger Behörden fallen, müssen darauf achten, dass diese den Sachverhalt auch unterschiedlich geregelt haben können.[32]

Politisch exponierte Personen

Als Politisch exponierte Personen (PePs) bezeichnet man natürliche Personen mit prominenten öffentlichen Funktionen, wie z.b. Staats- und Regierungschefs, hochrangige Politiker, Minister oder Mitglieder des Militärs. Die FATF empfiehlt, die Identität von PePs und deren unmittelbaren Familienmitglieder oder nahestehenden Personen sorgfältig zu überprüfen, da bei ihnen von einer erhöhten Gefahr von Korruption und Veruntreuung ausgegangen wird und sie somit als Kunden mit einem hohen Geldwäscherisiko eingestuft werden.[33]

Wirtschaftlich Berechtigte

Wirtschaftlich Berechtigter im Sinne des Geldwäschegesetzes ist die natürliche Person, in deren Eigentum oder unter deren Kontrolle der Vertragspartner steht, sowie jede natürliche Person, in deren Auftrag eine Transaktion oder Tätigkeit ausgeführt wird.[34] Die Identifikation und Feststellung des wirtschaftlich Berechtigten soll verhindern und erschweren, dass sich natürliche Personen hinter juristischen Personen (Briefkastenfirmen) verstecken.[35]

Auslösetatbestände

---

[32] Vgl. Bausch/ Voller (2014), S. 230.
[33] Vgl. BaFin (2015a).
[34] Vgl. § 1 Abs. 6 GwG.
[35] Vgl. BaFin (2015a).

Die im Geldwäschegesetz genannten Sorgfaltspflichten sind einzuhalten, wenn sogenannte Auslösetatbestände vorliegen. Fälle, bei denen Güterhändler bzw. alle Verpflichteten tätig werden müssen, sind in § 3 Abs. 2 GwG geregelt.[36] Güterhändler müssen in folgenden Fällen tätig werden:

> ➢ Jede Annahme von Bargeld im Wert von 15.000 Euro oder mehr (auch wenn mehrere Transaktionen durchgeführt werden). Zu beachten ist, dass mit Umsetzung der Vierten Geldwäscherichtlinie in deutsches Recht (spätestens Juni 2017) der Schwellenwert für Güterhändler von 15.000 Euro auf 10.000 Euro gesenkt werden soll.
> ➢ Bei Zweifeln, ob die erhobenen Angaben zu der Identität des Vertragspartners oder des wirtschaftlich Berechtigten zutreffend sind.
> ➢ Bei der Feststellung von Tatsachen, die darauf hindeuten, dass es sich bei den Vermögenswerten, die mit der Transaktion oder Geschäftsbeziehung im Zusammenhang stehen, um den Gegenstand einer Straftat nach § 261 StGB handelt oder die Vermögenswerte im Zusammenhang mit Terrorismusfinanzierung stehen.[37]

Korrespondenzbankbeziehungen

In Artikel 3 der Vierten EU-Geldwäscherichtlinie wird der Begriff der Korrespondenzbankbeziehungen erläutert. Als Korrespondenzbankbeziehung bezeichnet man die Erbringung von Bankdienstleistungen durch eine Bank (Korrespondenzbank) für eine andere Bank (Respondenzbank). Hierzu zählen die Unterhaltung eines Kontokorrent- oder eines anderen Bezugskontos sowie die Erbringung der damit zusammenhängenden Leistungen. Darunter fallen bspw. die Verwaltung von Barmitteln, internationaler Geldtransfer, Scheckverrechnung, Dienstleistungen im Zusammenhang mit Durchlaufkonten und Devisengeschäfte.

Unter Korrespondenzbankbeziehungen versteht man laut der Richtlinie auch die Beziehungen zwischen Kredit- und Finanzinstituten sowohl mit- als auch untereinander. Das bedeutet, dass nicht unbedingt eine Bank Partei der Beziehung sein muss.[38]

2.2   Hintergründe der Geldwäsche – Beteiligte Gruppen

An der Geldwäsche sind zahlreiche Akteure beteiligt, die sich in verschiedene Gruppen einteilen lassen. Hierbei kann es sich um Haupttäter, Mittäter oder direkte bzw. indirekte Opfer handeln.[39] Um Geldwäsche erfolgreich durchführen zu können, werden konkrete Akteure benötigt, die ihre Tätigkeit vor allem aus Gründen der persönlichen Bereicherung leisten: Finanzkriminelle. Zum einen gibt es die Gruppe der Vortäter, die mit dem Begehen von illegalen Vor-

---

[36] Vgl. IHK Frankfurt am Main (2016a).
[37] Vgl. § 3 Abs. 2 Satz 2 GwG.
[38] Vgl. BaFin (2015a).
[39] Vgl. Altenkirch (2006), S. 5.

taten, wie bspw. Phishing-Aktionen,[40] den Geldwäscheprozess einleiten. Diese Gruppen, wie verbrecherische Vereinigungen, Wirtschaftskriminelle oder auch Terroristen, sind meistens nicht identisch mit den Tätern, die die eigentliche Geldwäsche aus Gründen der persönlichen Bereicherung betreiben. Diese Finanzkriminellen arbeiten vorsätzlich und willentlich mit den Vortätern zusammen, gehen aber überwiegend geregelten Tätigkeiten als Boten, Geldkuriere, Bankangestellte, Broker, Wirtschaftsprüfer, Notare, Rechtsanwälte, Treuhänder und Hedge-Fonds-Manager nach und wirken nach außen sehr vertrauenswürdig. Eine entscheidende Rolle in der OK spielen auch Finanzexperten, die mit komplexen ökonomischen Handlungsweisen vertraut sind und bspw. in (Schein-)Investmentgesellschaften oder auch größeren Kreditinstituten arbeiten.[41] Beispiele zu den Akteuren der Geldwäsche sind in Abbildung 1 abgebildet.

---

[40] Beim Phishing versuchen Kriminelle Daten von Internetnutzern bspw. über gefälschte Internetadressen, E-Mails oder SMS abzufangen. Ziel ist es, mit den sensiblen Daten u.a. Kontoplünderung zu begehen und den Inhaber des Bankkontos zu schädigen. Häufig werden vertrauenswürdige Websites nachgeahmt, damit die Betroffenen keinen Verdacht schöpfen und sorglos ihre Daten preisgeben. (Vgl. Gabler Wirtschaftslexikon (2016b)).
[41] Vgl. König (2003), S. 102.

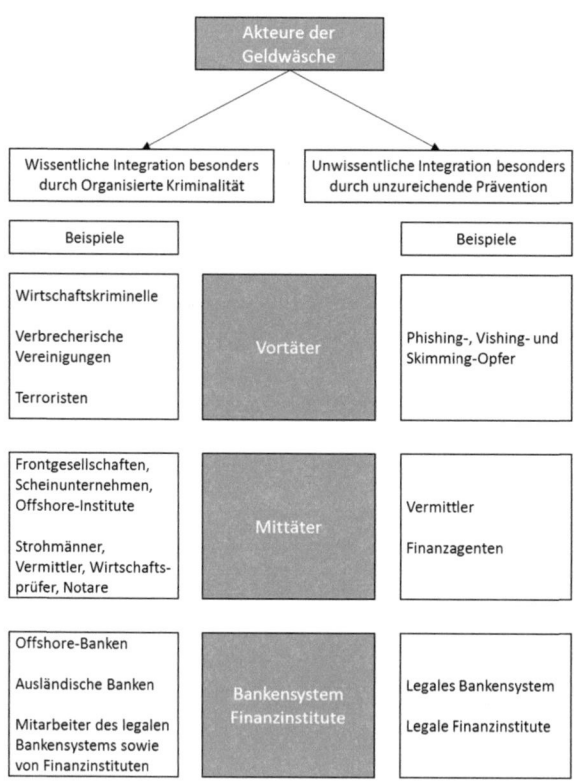

Abbildung 1: Akteure der Geldwäsche
Quelle: Darmrose (2007), S. 82.

Im Folgenden wird die Gruppe der illegalen Akteure, die mithilfe der Geldwäsche ihre illegalen Vermögenswerte in den legalen Wirtschaftskreislauf einführen oder ihr legales Einkommen zur Terrorfinanzierung anonymisieren, näher beschrieben.

2.2.1 Organisierte Kriminalität

Für einen Alleintäter ist es kaum möglich, große Geldmengen zu waschen. Normalerweise erfordert Geldwäsche eine professionell organisierte, häufig auch internationale Zusammenarbeit mehrerer Beteiligter, von denen jeder seinen eigenen spezifischen Aufgabenbereich erfüllen muss.[42] *„OK ist die von Gewinn- oder Machtstreben bestimmte planmäßige Begehung von Straftaten, die einzeln oder in ihrer Gesamtheit von erheblicher Bedeutung sind, wenn mehr als zwei Beteiligte auf längere oder unbestimmte Dauer arbeitsteilig unter Verwendung gewerbli-*

---

[42] Vgl. Wienold (2010), S. 41.

cher oder geschäftsähnlicher Strukturen, unter Anwendung von Gewalt oder anderen zur Einschüchterung geeigneter Mittel oder unter Einflussnahme auf Politik, Medien, öffentliche Verwaltung, Justiz oder Wirtschaft zusammenwirken."[43] Bei dieser Definition lassen sich einige Gemeinsamkeiten mit der Definition eines legalen Wirtschaftsunternehmens feststellen.[44] Wie bei einem modernen Unternehmen ist das Hauptziel der OK die Gewinnmaximierung. In einem arbeitsteiligen Prozess beschafft, verwandelt, transportiert und vertreibt die OK die Ware Geld.[45] Unternehmen der OK verfügen über Versorgungs-, Produktions- und Absatzbereiche und forschen laufend nach neuen Handelsgütern und Wegen, ihre Produkte illegal zu vertreiben. Die Vermarktung der Produkte läuft nach betriebswirtschaftlichen Ansätzen ab.[46] 1991 deckten die Behörden z.B. auf, dass die Vermarktung der Drogen des Cali-Kartells in New York nach dem Vorbild eines Franchise-Systems erfolgte.[47] Eine weitere Gemeinsamkeit zum legalen Unternehmen ist die Existenz des oberen Managements, von dem allerdings kaum etwas bekannt ist.

Abgesehen von den unterschiedlichen Mitteln für die Durchsetzung dieser Ziele, bei denen die OK häufig auf Straftaten und Unterdrückung zurückgreift, unterscheiden sich die Unternehmen der OK von den legitimen Wirtschaftsunternehmen bei der „Produktpalette". Bei der OK setzen sich diese aus illegalen Waren und Dienstleistungen zusammen (siehe dazu Abbildung 2), die mit einer hohen Flexibilität angepasst und nachfrageorientiert angeboten werden können.[48]

---

[43] Vgl. u.a. Vogt (2006), § 1 Rn. 14 und Schneider/Dreer/ Riegler (2006), S. 23.
[44] Gutenberg definiert die Unternehmung als eine autonome Betriebswirtschaft, die das volle Risiko des wirtschaftlichen Handelns trägt. Außerdem ist für ihn das Prinzip der Alleinbestimmung durch den Eigentümer und das erwerbswirtschaftliche Prinzip, das die Gewinnmaximierung festschreibt, charakteristisch für ein unternehmen. Vgl. Altenkirch (2006), S. 5.
[45] Vgl. Schneider/ Dreer/ Riegler (2006), S. 22 f.
[46] Vgl. Altenkirch, S. 6.
[47] Vgl. Müller (1992), S. 77 f.
[48] Vgl. Altenkirch (2006), S. 6.

Geschäftsfelder der OK

Drogenhandel
Illegales Glücksspiel
Menschenhandel
Handel mit geschützen Tierarten und –Produkten
Handel mit radioaktiven Materialien
Waffenhandel
Umweltkriminalität
Rotlichtkriminalität
Mord, Brandstiftung, Einbruch, Raub, Hehlerei
Schmuggel
Urheberrechtsverletzung, Fälschung
Insolvenzbetrug, Kapitalanlagenbetrug, Subventionsbetrug
Scheck, Kreditkartenkriminalität
Steuerhinterziehung

Abbildung 2: Geschäftsfelder der Organisierten Kriminalität
Quelle: Altenkirch (2006), S. 7.

Das illegal erwirtschaftete Geld wird entweder zur Finanzierung weiterer Straftaten oder mithilfe verschiedener Geldwäschetechniken zur direkten Einschleusung in den legalen Wirtschaftskreislauf verwendet.[49] Das BKA nennt insgesamt fünf wesentliche Verwendungsbereiche der illegalen Profite, die im Folgenden abgebildet sind. Zu diesen zählt neben dem Konsum der Führungsebene und der Auszahlung an Beteiligte auch die Deckung laufender Kosten. Der restliche Gewinn wird angelegt oder in weitere Geschäfte reinvestiert (Abbildung 3).[50]

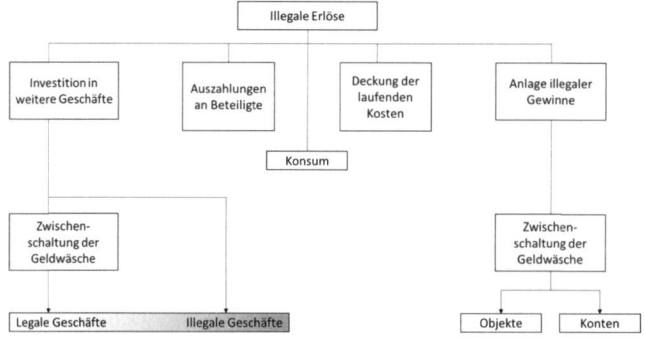

Abbildung 3: Verwendung der Erlöse aus illegalen Geschäften
Quelle: Altenkirch (2006), S. 8.

2.2.2 Wirtschaftskriminalität

In der Literatur ist man sich uneinig, ob die OK die Wirtschaftskriminalität einschließt. Wirtschaftskriminalität umfasst Straftaten, die Wirtschaftsbezüge aufweisen, wie bspw. Vertrau-

---

[49] Vgl. Wienold (2010), S. 41.
[50] Vgl. Altenkirch (2006), S. 7.

ensmissbrauch oder das Ausnutzen von Spezialkenntnissen des Wirtschafslebens zu illegalen Zwecken.[51] Die Tätigkeitsfelder der OK und der Wirtschaftskriminalität überschneiden sich zwar häufig und verursachen dadurch erhebliche volkswirtschaftliche und soziale Schäden, dennoch treten die Täter eines Wirtschaftsdeliktes im Gegensatz zur OK auch als Einzelpersonen auf.[52] Neben den Überschneidungsbereichen (z.B. Scheckbetrug, Urheberrechtsverletzungen etc.) ähneln sich außerdem die Methoden zur Gewinnerzielung und zu deren Legalisierung durch Geldwäsche.[53] Aus diesem Grund soll in diesem Buch die Wirtschaftskriminalität der OK zugeordnet werden.

2.2.3 Terrorismusfinanzierung

Die Terroranschläge in den USA im Jahr 2001 galten als Anlass, um den Kampf gegen die OK zu verschärfen und um die Finanzierung von Terrororganisationen zu bekämpfen.[54] Terroristische Vereinigungen werden als Zusammenschlüsse für längere Zeit und unter organisatorischer Willensbildung bezeichnet, deren Vorhaben oder Hauptzweck auf die Begehung von Mord, Menschlichkeitsverbrechen, Brandstiftung, Sprengstoffverbrechen, gefährlichen Eingriffen in den Bahn-, Schiffs- und Luftverkehr, Freisetzung von Giftstoffen, Herstellung und Verbreitung von ABC-Waffen oder weiteren gefährlichen Straftaten ausgerichtet ist.[55] Unter Terrorismusfinanzierung versteht man das Bereitstellen oder Sammeln von (auch legalen) Vermögenswerten zur Ausführung eines terroristischen Aktes.[56] Der Unterschied zur OK ist, dass das Hauptziel dieser terroristischen Vereinigungen nicht die Gewinnerzielung, sondern die Durchsetzung von politischen, religiösen oder anderen gesellschaftlichen Zielen ist.[57] Zu beobachten sind aber immer engere Kooperationen zwischen Terroristen und der OK. In einigen Fällen können Terroristen als verbrecherische Zusammenschlüsse im Sinne der OK gesehen werden. Sie verwenden ebenso die Geldwäsche wie die OK, um ihre Ziele durchzusetzen.[58] Auch wenn bei terroristischen Organisationen die Gewinnerzielung nicht im Vordergrund steht, benötigen sie finanzielle Mittel zur Durchführung ihrer Verbrechen. Diese Mittel stammen sowohl aus legalen Quellen, wie z.B. durch Spenden und Unterstützungsgelder von Privatleuten und Organisa-

---

[51] Vgl. Müller (1992), S. 36.
[52] Vgl. Wienold (2010), S. 51.
[53] Vgl. Altenkirch (2006), S. 6.
[54] Vgl. Wienold (2010), S. 61.
[55] Vgl. Creifelds, (2007), S. 1148.
[56] Vgl. § 1 Abs. 2 GwG.
[57] Vgl. Altenkirch (2006), S. 9.
[58] Vgl. Schneider/ Dreer/ Riegler (2006), S. 14.

tionen, als auch aus Einnahmen aus Straftaten wie Diebstahl, Betrug, Fälschung, Drogenhandel und Ähnlichem.[59]

Der Hauptunterschied zwischen der Terrorismusfinanzierung und Geldwäsche besteht darin, dass der Terrorismus auch aus legalen Einnahmequellen finanziert werden kann, während bei der Geldwäsche immer eine illegale Herkunft des Vermögens mit dem Ziel der Integration der Gelder in den legalen Finanz- und Wirtschaftskreislauf vorausgesetzt wird.[60] Schneider, Dreer und Riegler bezeichnen die Finanzierung des Terrorismus als „umgekehrte Geldwäsche". Die legalen Finanzierungsmittel werden dabei erst zu schmutzigem Geld, sobald sie für terroristische Zwecke eingesetzt werden.[61]

Im weiteren Verlauf der Untersuchung steht die Geldwäsche durch die OK im Vordergrund. Die beschriebenen Geldwäschetechniken werden aber ebenfalls von terroristischen Vereinigungen verwendet.

2.3   Auswirkungen der Geldwäsche

Je stärker sich professionelle Geldwäscher national und international ausbreiten und neben dem nicht quantifizierbaren materiellen Schaden auch einen ebenso großen immateriellen Schaden hinterlassen, desto mehr werden Staat, Wirtschaft und Gesellschaft gefährdet.[62]

2.3.1   Auswirkungen der Geldwäsche auf Unternehmen

Bei der Analyse der Auswirkungen der Geldwäsche auf Unternehmen muss die jeweilige Ausgangssituation des Betriebs betrachtet werden. Auf der einen Seite stehen Unternehmen, die legale Gewinne erwirtschaften.[63] Auf der anderen Seite existieren Frontunternehmen, also Unternehmen, die neben ihren legalen Geschäften auch kriminell aktiv werden, u.a. durch Geldwäsche.[64] Frontunternehmen arbeiten mit der OK zusammen bzw. werden von ihr kontrolliert und haben aufgrund der Einschleusung illegaler vorgewaschener Gelder häufig eine erfolgreichere Stellung auf dem Markt als legal arbeitende Konkurrenten. Die Wettbewerbsfähigkeit der legalen Unternehmen leidet darunter, sodass sie unter Umständen vom Markt verdrängt werden.

Neben der Wettbewerbsverzerrung besteht für die legalen Unternehmen zusätzlich die Gefahr, in die Abhängigkeit von organisierten Verbrechergruppen zu geraten. Mit dem Ziel der

---

[59] Vgl. Altenkirch (2006), S. 9.
[60] Vgl. Vogt (2006), § 1, Rn. 40.
[61] Vgl. Schneider/ Dreer/ Riegler (2006), S. 16.
[62] Vgl. Schneider/ Dreer/ Riegler (2006), S. 137.
[63] Vgl. Altenkirch (2006), S. 23.
[64] Vgl. Altenkirch (2006), S. 12 f.

Geldwäsche investiert die OK in legale Unternehmen und baut sich dadurch ein weiteres Standbein neben ihren illegalen Betätigungsfeldern auf. Sobald die Kriminellen an einem solchen Unternehmen beteiligt sind, versuchen sie Einfluss auf dieses zu nehmen und andere Gesellschafter hinauszudrängen, um das Unternehmen für die Zwecke der OK nutzen zu können.

Das Vertrauen der Kunden in Unternehmen, wie z.b. Banken oder Versicherungen, ist die Basis für erfolgreiche Geschäftsbeziehungen. Wird dieses Vertrauen z.b. durch Geldwäscheaktivitäten oder Verbindungen zu der OK erschüttert, führt dies zu einer Schädigung des Unternehmensansehens und zu einem Vertrauensverlust einer ganzen Branche. Dies trifft gleichermaßen für Dienstleistungsunternehmen und Güterhändler zu.[65]

Aus oben genannten Gründen geben deutsche Unternehmen für die Bekämpfung von Geldwäsche Millionenbeträge aus. Die Installation notwendiger präventiver Computersysteme bzw. die Einstellung von Geldwäschebeauftragten verursachen hohe Kosten.[66]

2.3.2 Auswirkungen der Geldwäsche auf Volkswirtschaften und Gesellschaften

Schmutziges Geld hat neben den Auswirkungen auf Unternehmen auch Auswirkungen auf die Ressourcenallokation in der Wirtschaft. Durch die Geldwäschebekämpfung steigen die Kosten für die Strafverfolgung, das Gesundheitswesen und die öffentliche Sicherheit. Das gesamte Finanzsystem wird verteuert und die Kosten müssen von der Gesellschaft getragen werden.

Eine relativ problemlose Wiedereinführung illegaler Vermögenswerte in den legalen Wirtschaftskreislauf führt zu einer Unterwanderung der Volkswirtschaft durch kriminelle Organisationen. Mit der Zeit können diese Gruppen einen nicht zu unterschätzenden politischen und finanziellen Einfluss auf die Volkswirtschaft erlangen. Kriminalität und Korruption werden durch Geldwäsche erhöht. Korruption gehört zu den effizientesten und gefährlichsten Waffen der OK. Durch sie werden Straftaten vertuscht und gleichzeitig bezahlt. Demokratisch abgestimmte Gesetze, die der indirekten Steuerung des Wirtschaftsgeschehens dienen sollten, werden durch Bestechung unwirksam gemacht. Die OK besticht Polizei, Justiz und politische Entscheidungsträger, um bei ihren illegalen Aktivitäten nicht behindert zu werden.[67] Folge ist, dass das Vertrauen der Bürger in den Staat sinkt. Es entsteht der Eindruck, dass Kriminelle einer Bestrafung ihrer Taten entgehen können und dass Verbrechen lohnenswert sind.[68]

---

[65] Vgl. Altenkirch (2006), S. 23 f.
[66] Vgl. Schneider/ Dreer/ Riegler (2006), S. 139.
[67] Vgl. Schneider/ Dreer/ Riegler (2006), S. 139 f.
[68] Vgl. Altenkirch (2006), S. 26.

Je nachdem in welchen Ländern das Geld gewaschen wird, können ökonomische Größen wie Zinsen, Renditen und Wechselkurse beeinflusst werden. Diese ökonomische Entwicklung kann für die betroffenen Länder und deren Währung kontraproduktiv sein.[69] Häufig handelt es sich beim schmutzigen Geld um US-Dollar.[70] Es lässt sich vermuten, dass in einem Land, das nicht den US-Dollar als Währung hat und in dem die OK relativ hoch ist, eine große Menge von Schwarzgeld (US-Dollar) vorhanden ist. Dies könnte eine Aufwertung der nationalen Währung des Landes zufolge haben und als Reaktion der Notenbank zu einer Expansion der Geldmenge führen. Während die Aufwertung die Wettbewerbsfähigkeit des Landes schwächt, führt die Geldmengenerhöhung zu einem erhöhten Druck auf die inländischen Preise.[71]

Häufig investieren Geldwäscher ihr schmutziges Geld in Grundstücke und Immobilien. Das kann zur Folge haben, dass die Preise dieser Vermögenswerte steigen. Diese „sterilen" Investitionen, also Investitionen, die keine zusätzliche Produktivität für die Wirtschaft generieren, schwächt das Wirtschaftswachstum eines Landes. Der legalen Wirtschaft werden bei einer solchen Geldwäsche Ressourcen entzogen. Beispiele für sterile Investitionen sind Immobilien, Antiquitäten, Kunst, Schmuck oder luxuriöse Automobile. Einen weiteren folgenschweren Schaden kann eine Volkswirtschaft durch Steuereinbußen erleiden. Eine Vielzahl professioneller Geldwäscher wenden Techniken an, die neben der Geldwäsche ebenfalls der Steuerhinterziehung dienen.[72]

2.4 Drei-Phasen-Modell des Geldwäscheprozesses

In der Literatur existieren verschiedene Modelle, die den Prozess der Geldwäsche beschreiben. Häufig werden insbesondere das *"Drei-Phasen-Modell"*, das *"Zielmodell"* und das *"Kreislaufmodell"* beschrieben. Weitere Modelle der Geldwäsche sind das *"Phasenmodell nach Bernasconi"*, das *"Stufenmodell der Geldwäsche"*, das *"Zyklusmodell"* und das *"Vier-Sektoren-Modell"*.[73] Als bekanntestes und übersichtlichstes Modell gilt das Drei-Phasen-Modell, das von der US-Zollbehörde entwickelt und ebenfalls von der FATF zur Erläuterung des Geldwäscheprozesses herangezogen wurde.[74] Aus diesem Grund beschränkt sich die Erklärung des Geldwäscheprozesses in dem vorliegenden Buch auf dieses Modell.

---

[69] Vgl. Schneider/ Dreer/ Riegler (2006), S. 140 f.
[70] Vgl. Schneider/ Dreer/ Riegler (2006), S. 144.
[71] Vgl. Wienold (2010), S. 32.
[72] Vgl. Schneider/ Dreer/ Riegler (2006), S. 141 f.
[73] Mehr zu diesen Modellen s.a. Altenkirch (2006), S. 27-42 und Ackermann (1992), S. 8-13.
[74] Vgl. Klippl (1994), S. 6. und FATF-GAFI (2016a).

Das Drei-Phasen-Modell wurde Ende der 1980er Jahre entwickelt, um insbesondere Geldwäsche aus dem Drogenhandel zu bekämpfen.[75] Die drei Phasen "Placement", "Layering" und "Integration" können nacheinander sowie auch synchron ablaufen.[76]

2.4.1.1 Placement – Platzierung

In der ersten Phase der Geldwäsche versuchen Straftäter die aus illegalen Aktivitäten stammenden Gelder in den legalen Finanzkreislauf zu platzieren. Dies geschieht insbesondere durch die Umwandlung in Buchgeld oder durch den Erwerb kurzfristig liquidierbarer Vermögensgegenstände wie Gold, Edelsteine, Wertpapiere oder anderer hochwertiger Güter.[77]

Durch die auf der internationalen und nationalen Ebene geschaffenen präventiven Maßnahmen wie bspw. die Einführung von Schwellenwerten von Bargeldeinzahlungen und die Identifikationspflicht für Bankkunden, birgt diese erste Phase das größte Risiko für Geldwäscher, entdeckt zu werden.[78] Daher setzen Strafverfolger in dieser Phase an, um effektive Präventionsmaßnahmen anzuwenden und Geldwäschetäter zu identifizieren.[79]

Die Straftäter versuchen deshalb, die Gelder bei Wettgeschäften, Besuchen von Spielhallen oder über Wechselstuben illegal in das Finanzsystem einzubringen. Diese Geschäftsbetriebe nehmen in der Regel viel Bargeld ein, sodass ein solches Einzahlungsverhalten nicht verdächtig ist. Betriebe wie Kinos, Wäschereien oder Nachtclubs eignen sich besonders, da es kaum möglich ist, im Nachhinein zu kontrollieren, wie viele Kunden tatsächlich die Dienstleistungen des Unternehmens in Anspruch genommen haben. Die variablen Kosten erhöhen sich dadurch nur ein wenig oder gar nicht.[80] Häufig erfolgt die Platzierung durch Aufteilung der Geldmengen in kleinere Teilbeträge, die unterhalb der gesetzlich festgelegten Schwellenwerte liegen (sogenanntes „Smurfing"), damit Banken keinen Verdacht schöpfen.[81]

2.4.1.2 Layering – Verschleierung

Ist es dem Geldwäscher gelungen, die Gelder im Finanzsystem zu platzieren, versucht er in der nächsten Phase das Vermögen in einer Vielzahl von Transaktionen umzudisponieren, sodass seine Herkunft nur noch schwer nachzuvollziehen ist.[82] Durch die komplexen Transaktionen, wie z.B. Überweisungen zu Offshore-Gesellschaften oder ausländischen Finanzinstituten, wird

---

[75] Vgl. König (2003), S. 113.
[76] Vgl. Carl/ Klos (1994), S. 30.
[77] Vgl. Bausch/ Voller (2014), S. 15.
[78] Vgl. Wienold (2010), S. 34.
[79] Vgl. Altenkirch (2006), S. 29.
[80] Vgl. Klippl (1994), S. 7.
[81] Vgl. Bausch/ Voller (2014), S. 15.
[82] Vgl. Wienold (2010), S. 34 f.

die sogenannte Papierspur („paper trail") zur kriminellen Vortat verwischt, was die Rückverfolgung erschwert. Besonders „Electronic Banking" (Online-Banking) erleichtert schnelle, internationale Überweisungen, ohne dass eine Person persönlich auftreten muss.[83] In dieser Phase ist es kaum noch möglich, die Aktivitäten der Geldwäscher zu enthüllen. Diese Tätigkeiten erfolgen häufig in Ländern, die von der FATF als „nicht kooperierende Hoch-Risiko Jurisdiktionen" identifiziert werden.[84] In Zusammenarbeit mit diesen Ländern versucht die FATF den Defiziten, die ein Risiko für das internationale Finanzsystem darstellen, zu begegnen.[85]

2.4.1.3 Integration – Integration

In der dritten Phase wird das Hauptziel der Geldwäscher verwirklicht. In diesem Stadium werden die kriminell erwirtschafteten Gelder als Produkt rechtmäßiger Geschäftstätigkeit in den legalen Wirtschaftskreislauf rückgeführt. Dies geschieht meist durch gewinnbringende Investitionen in Immobilien oder Frontgesellschaften.[86] Eine weitere gängige Methode der Integration ist die Verwendung der illegal erwirtschafteten Gewinne für Kreditrückzahlungen.[87] Gelingt den Straftätern die erfolgreiche Vermischung der zuvor illegalen sowie legal erworbenen Vermögenswerte in der dritten Phase, ist es so gut wie unmöglich, den kriminellen Ursprung zurückzuverfolgen.[88]

Das Phasenmodell Bernasconis und das Stufenmodell der Geldwäsche sind zwei weitere Modelle, die den Geldwäscheprozess ähnlich darstellen wie das Drei-Phasen-Modell.[89] Eine Darstellung des Drei-Phasen-Modells zeigt Abbildung 4. Die Abbildung beinhaltet eine Aufteilung in Phase, Beschreibung und Beteiligte und zeigt die Wahrscheinlichkeit, Geldwäscheaktivitäten in den verschiedenen Phasen zu entdecken.

---

[83] Vgl. Altenkirch (2006), S. 30.
[84] Zu einer Liste der aktuell nicht kooperierende Hoch-Risiko Jurisdiktionen s. FATF-GAFI (2016b).
[85] Vgl. FATF (2015), S. 1.
[86] Vgl. Altenkirch (2006), S. 30.
[87] Vgl. Altenkirch (2006), S. 30.
[88] Vgl. Vogt (2006), § 2, Rn. 4.
[89] Vgl. Altenkirch (2006), S. 27 f. und S. 30 f.

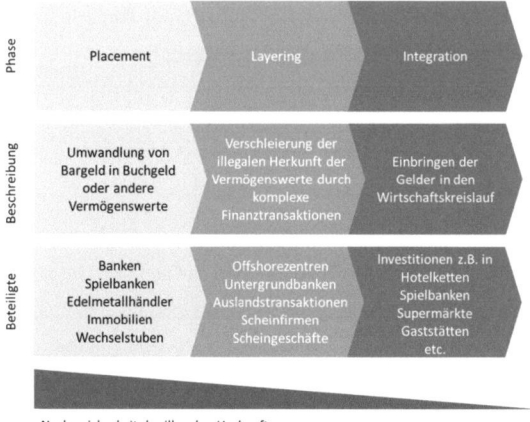

Abbildung 4: Das Drei-Phasen-Modell der Geldwäscherei
Quelle: in Anlehnung an gap consulting AG (o.J.), S. 28.

2.5 Techniken der Geldwäsche

Da Geldwäsche im Verborgenen abläuft, ist es nur schwer möglich, alle angewandten Techniken vollständig aufzuführen. Da die Spuren länderübergreifender Geldwäscheaktivitäten schwer verfolgbar sind, verwenden Geldwäscher häufig Techniken zur Überquerung von Landesgrenzen. Im Folgenden werden einige Techniken beschrieben, die in der Vergangenheit beobachtet wurden. Da viele Aktivitäten unbemerkt ablaufen, kann über die Aktualität und Anwendungshäufigkeit keine Aussage getroffen werden. Eine Aufzählung weiterer Techniken ist zum aktuellen Zeitpunkt nicht möglich, da viele Methoden aufgrund ihrer Komplexität oder ihrer Tarnung noch nicht erkannt wurden und auch die Literatur keine Anhaltspunkte liefert.

2.5.1 Transfer von Geldern und Gütern

Viele Geldwäscher führen das Placement in Ländern durch, in denen die Identifikationsbestimmungen oder weitere Geldwäschebekämpfungsvorschriften nicht besonders streng sind. Die offenen Grenzen innerhalb Europas erleichtern den physischen Transport von Gegenständen.[90] Die Geldwäscher haben verschiedene Möglichkeiten, das illegale Geld über die Landesgrenzen zu transportieren. Die trivialste Form zur Überquerung ist der Transport des Geldes mittels eines Koffers.

Um eine eventuelle Deklarationspflicht für die Ausfuhr von Devisen in einem Land zu umgehen, müssen die Geldwäscher das Bargeld illegal über die Landesgrenzen transportieren. Dafür werden verschiedene Formen des Schmuggels angewandt, auf die hier nicht näher eingegan-

---

[90] Vgl. Wienold (2010), S. 35.

gen wird. Die bisher aufgedeckten Methoden reichen vom Transport des Bargelds in verschluckten Ballons bis zum Bau von Tunneln unter Landesgrenzen hindurch.[91]

Der Transport von großen Bargeldmengen ist aufgrund des Gewichts und Volumens sehr umständlich. Da der Schmuggel ferner mit einem gewissen Entdeckungsrisiko behaftet ist, transportieren die Schmuggler neben Bargeld auch Vermögensgegenstände über die Grenzen. Mit dem illegalen Geld werden im Land des Handels leicht zu transportierende Güter wie bspw. teure Uhren, Schmuck, Kunst oder Edelmetalle erworben und anschließend in das Land der Geldwäsche exportiert. In diesem werden sie weiterverkauft. Durch die Bezahlung des Käufers per Scheck oder Überweisung gelingt dem Geldwäscher so das Placement. Nachteilig für ihn ist das Bestehen einer Papierspur.[92]

2.5.2 Transfer der Gelder mittels Überweisung

Die einfachste Art der Überquerung der Landesgrenze ist der elektronische Transfer von Konto zu Konto. Voraussetzung dafür ist, dass die inkriminierten Gelder, also Gelder, die aus bestimmten Straftaten (Vortaten, die in § 261 StGB genannt sind) erworben wurden, in das Bankensystem eingeschleust werden. Dazu sind in den meisten Fällen Vorarbeiten mit Placement-Formen, wie z.B. dem Smurfing, notwendig.

Online-Banking ermöglicht den Geldwäschern, den Bankschalter zu umgehen und Geld innerhalb weniger Minuten weltweit zu transferieren. Da dies allerdings durch ein gut funktionierendes System präventiver Geldwäschemaßnahmen zumindest teilweise verhindert werden kann, greifen Verbrecherorganisationen häufig auf das im Folgenden erläuterte „underground banking" zurück.[93]

2.5.3 Transfer mittels Kompensation durch Untergrundbanken

Untergrundbanken sind eigenständig gewachsene, illegale Organisationen, die ihren geschichtlichen Ursprung in Asien haben. Bekannte weltweit agierende Untergrundbanken sind *Chop Shop Banking* (chinesischer Ursprung), *Chiti-, Hundi-* oder *Hawala Banking* (indischer Ursprung) und *Stash House Banking* (amerikanischer Ursprung). In der Regel betreiben derartige Banken neben ihren Untergrundaktivitäten auch noch weitere bargeldintensive Geschäfte, um ihr eigentliches Hauptgeschäft, die Geldwäsche, zu verschleiern.[94]

---

[91] Vgl. Müller (1992), S. 114 f.
[92] Vgl. Altenkirch (2006), S. 45.
[93] Vgl. Schneider/ Dreer/ Riegler (2006), S. 47.
[94] Vgl. Carl/ Klos (1994), S. 45.

Untergrundbanken wickeln den Zahlungsverkehr über Ländergrenzen vollständig anonym ab. Sie verwenden Banktransaktionen, die auf dem Kompensationsprinzip beruhen. Die Buchhaltung wird in bestimmten Abständen vernichtet, sodass derartige Transaktionen keine Papierspur hinterlassen und somit nicht mehr nachvollziehbar sind.[95]

Das Kompensationsprinzip setzt ein hohes Maß an Vertrauen zwischen den Beteiligten voraus.[96] Häufig werden Untergrundbanken von ethnisch homogenen Gruppen betrieben, die sich an einen bestimmten Ehrenkodex halten.[97]

Um Kontrollen im Land des Handels zu umgehen, verwenden Geldwäscher die Kompensationsmethode, die wie folgt beschrieben werden kann: Person X lebt in Land A. Er hat sein Vermögen in Land B, benötigt aber einen bestimmten Geldbetrag in Land A. Wenn er das Geld transferiert, besteht das Risiko einer Beschlagnahmung. Vorausgesetzt er kennt eine Person Y, die Geld in Land A hat und gleichzeitig Gelder in Land B benötigt, kann die Kompensationsmethode dieses Risiko ausschalten. Dazu erhält Y von X in Land B die gewünschte Geldsumme und zahlt im Gegenzug in Land A den gleichen Betrag (siehe Abbildung 5a). Voraussetzung für diesen Fall ist, dass X und Y sich kennen und sich gegenseitig vertrauen. In den seltensten Fällen kommt es zu so einem einwandfreien Szenario. An dieser Stelle treten Untergrundbanken als Vermittler des Kompensationsgeschäftes auf und gewährleisten das benötigte Vertrauen (siehe Abbildung 5b).

---

[95] Vgl. Schneider/ Dreer/ Riegler (2006), S. 25.
[96] Vgl. Wienold (2010), S. 36.
[97] Vgl. Suendorf (2001), S. 181.

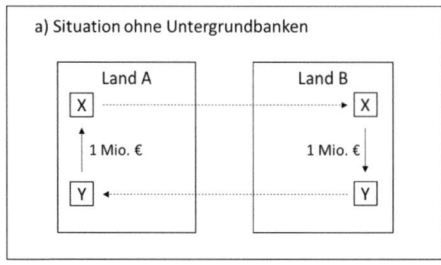

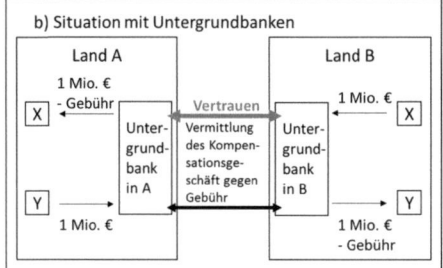

Abbildung 5: Kompensationsgeschäft
Quelle: Altenkirch (2006), S. 46.

Das Kompensationssystem ist neben dem Vertrauen der Untergrundbanker untereinander, insbesondere vom aktiven illegalen internationalen Geldverkehr abhängig. Hinsichtlich der kontinuierlich steigenden Internationalisierung auch im Bereich der OK, wird die Bedeutung der Kompensation weiterhin zunehmen. Das geringe Risiko dieser Methode ist ein weiterer Vorteil.

Die Gebühren, die an die Untergrundbanken gezahlt werden müssen, könnten ein vorstellbarer Nachteil der Kompensationsmethode sein. In der Literatur lassen sich jedoch keine Angaben über deren Höhe finden.[98]

Ein bedeutender Erfolg im Kampf gegen die illegalen Tätigkeiten der Untergrundbanken konnte 2015 erzielt werden, als die chinesischen Behörden die größte Untergrundbank aller Zeiten überführte und dabei eine Vielzahl von Verdächtigen identifizieren konnte.[99]

2.5.4 Layering mithilfe von Offshore-Zentren

Eine andere Methode der Geldwäsche ist insbesondere durch die Veröffentlichung der Panama Papers in den Vordergrund getreten. Die Gründung von Scheinfirmen in Offshore-Zentren ist eine weitere Möglichkeit, die Papierspur des Geldes zu verwischen. Im Gegensatz zu Front-

---

[98] Vgl. Altenkirch (2006), S. 46 f.
[99] Vgl. O.V. (2015).

unternehmen besitzen Scheingesellschaften keinen realen Geschäftszweck, sondern täuschen diesen nur vor, um Kapitaltransaktionen zu rechtfertigen. Durch fiktive Rechnungslegung und Buchhaltung wird der fehlende ökonomische Hintergrund gedeckt. Die Scheinfirmen lassen sich mit einem sehr geringen Aufwand in sogenannten „Steueroasen"[100] gründen. Diese ermöglichen die Einrichtung anonymer Konten, erheben in der Regel nur einen geringen Steuersatz und gewähren politische Stabilität und Sicherheit. Kriminelle nutzen die Schein- und Briefkastenfirmen zur Steuerhinterziehung, Kapitalflucht, Eigentümerverschleierung und Geldwäsche. Um bei den Kapitaltransaktionen nicht entdeckt zu werden, werden mehrere Firmen hintereinander geschaltet und auf verschiedene Steueroasen verteilt, sodass sich ein Netzwerk aus Scheinfirmen, ein sogenannter „Geldwäschekonzern", ergibt.[101]

Mithilfe eines Strohmanns, der vor Ort als Direktor eingetragen wird, schließt der Geldwäscher Scheingeschäfte, wie bspw. Beratungsdienstleistungen, ab. Damit er Zugriff auf sein Geld hat, erhält er eine Kreditkarte, die auf den Namen des Unternehmens läuft.[102] Eine weitere Möglichkeit ist, dass er das in ein Offshore-Zentrum transferierte illegale Vermögen selbst über eine involvierte Bank als Darlehen aufnimmt.[103]

2.5.5 Handel mit Derivaten auf dem OTC-Markt

Eine weitere Technik, Geldspuren zu verschleiern, ist die Geldwäsche mithilfe von Finanzderivaten. Derivate sind grundsätzlich ein gegenseitiger Vertrag und betreffen ein Übereinkommen, das in Zukunft eingelöst werden kann oder muss. Bei Derivaten handelt es sich um Termingeschäfte auf der Grundlage von bestimmten Basiswerten („Underlyings"). Bei einem Basiswert kann es sich um eine Aktie, eine Anleihe, ein Aktienindex, Devisen oder Ähnliches handeln. Im Allgemeinen geht es immer um die Differenz zwischen dem zukünftigen Wert irgendeinen Gutes oder einer Wertschrift und dem vertraglich festgelegten Basispreis.[104] Komplexität von Derivaten ist eine weitere Eigenschaft, die sich als nützlich für die Geldwäscher herausstellt, denn sie erschwert die Nachverfolgung der Geldspur. Hinzu kommt, dass eine geringe Transparenz auf dem Over-the-Counter (OTC-) Markt herrscht. Auf diesem werden Derivate direkt zwischen zwei Marktteilnehmern gehandelt. Wetterderivate eignen sich besonders, um illegal erworbenes Geld unauffällig in den legalen Finanzkreislauf einzuschleusen. Bei diesen sind die Basispreise von meteorologischen Daten, wie z.B. die Temperatur oder

---

[100] Als Steueroasen gelten bspw. die Cayman-Islands, die Britischen Jungferninseln, Panama und die Malediven. Vgl. European Commission (2015).
[101] Vgl. Schneider/ Dreer/ Riegler (2006), S. 53 f.
[102] Vgl. n-tv.de (2016).
[103] Vgl. Harnischmacher (2008).
[104] Vgl. Hafner (2002), S. 47.

Niederschlagsmengen abhängig. Wenn ein Geldwäscher bspw. eine Million Euro aus illegalen Geschäften waschen muss, kann er mit einem auf Geldwäsche spezialisierten Handelspartner ein Geschäft abschließen, in dem er wettet, dass eine bestimmte Temperatur in einem bestimmten Monat überschritten wird. Gleichzeitig wettet er mit demselben Handelspartner darauf, dass der gegenteilige realistischere Fall eintritt und gewinnt so seine Million zurück. Dadurch verschafft er sich einen legitimen Nachweis für sein unrechtmäßig erworbenes Vermögen.[105] Der Grundsatz bei dem System der Geldwäsche mit Wetten ist immer gleich. Die Rahmenbedingungen müssen so manipuliert werden, dass das schmutzige Geld durch eine Wette verloren geht, während das „saubere" Geld dem Wettgewinn entspricht.[106]

2.5.6 Geldwäsche im Internet

Durch das Internet wurden Geldwäschern ganz neue Dimensionen eröffnet. Auf illegalen Online-Plattformen werden u.a. Drogen, Waffen, gefälschte Identitäten und kriminelle Dienstleistungen angeboten. Bezahlt wird im sogenannten Darknet mit Bitcoins, einer digitalen Währung. Diese ermöglicht eine anonyme Zahlweise, sodass die Geldströme im Darknet nicht zurückzuverfolgen sind.[107] Dadurch können Geldwäsche und andere Delikte global und anonym in einem bislang unklaren rechtlichen Raum getätigt werden. Im Gegensatz zu Anmeldevorgängen bei konventionellen Banken können falsche Profile bei der Online-Registrierung des Bitcoin-Kontos relativ einfach erstellt werden. Geld aus illegalen Geschäften kann dadurch auf Onlinekonten transferiert, in virtuelle Währungen umgetauscht und dann bei Onlinehändlern, die Bitcoin als Zahlungsmittel akzeptieren, zum Bezahlen eingesetzt werden.[108]

Ein weiteres Prinzip der Geldwäsche, das sich durch das Internet etabliert hat, ist die Zusendung von dubiosen Stellenangeboten und Nebenverdienstmöglichkeiten, in denen unbekannte Unternehmen nach so genannten Finanzagenten suchen. Das BKA warnt Verbraucher nachdrücklich davor, einer solchen Betätigung nachzugehen.[109] Finanzagenten sind als Geldvermittler im Finanztransfergeschäft im Sinne des § 1 Abs. 2 Nr. 6 Zahlungsdiensteaufsichtsgesetz (ZAG) tätig und benötigen für diese Tätigkeit eine Genehmigung der BaFin. Wem eine solche Genehmigung fehlt und wer dennoch als Finanzagent tätig wird, kann ungewollt in Geldwäschesysteme verwickelt werden.

---

[105] Vgl. Weingartner, (2014).
[106] Vgl. Hafner (2002), S. 90.
[107] Vgl. Klees (2016), S. 10.
[108] Vgl. FONDS professionell Multimedia GmbH (2013).
[109] Vgl. Bundeskriminalamt (2005).

Kriminelle werben potentielle Finanzagenten mit Stellenangeboten und Anzeigen wie „Beste Verdienstmöglichkeiten mit wenig Arbeit" oder „3000 Euro monatlich bequem von zu Hause verdienen" an. Die inkriminierten Gelder, die meistens aus Phishing-Attacken stammen, werden dann auf das Privatkonto des Finanzagenten überwiesen, der das Geld innerhalb kurzer Zeit an Dritte weiterleiten muss. Dafür wird ihm in der Regel eine Provision versprochen. Während einigen Angeworbenen nicht bewusst ist, dass sie sich mit ihrer Tat der Geldwäsche gemäß § 261 StGB strafbar machen, betätigen sich viele Kriminelle absichtlich als Finanzagenten. Mit der Behauptung, bspw. ein Grundstück gekauft zu haben, täuschen sie die involvierten Kreditinstitute. Dadurch wird ein Verdacht häufig minimiert oder bis zum tatsächlichen Schadenseintritt vollständig ausgeschlossen.[110]

Es gibt noch zahlreiche weitere bekannte Methoden der Geldwäsche, wie z.B. der Transfer der Gelder mittels Unter-/ Überfakturierung oder mittels Non-Profit-Organisationen. Diese Methoden sollen hier nicht weiter erläutert werden. Verschiedene Techniken des Placement, Layering und der Integration werden im Rahmen der Risikoszenario-Analyse in Kapitel 5.3 teilweise adressiert, können an dieser Stelle jedoch nicht vollständig berücksichtigt werden.[111]

2.6 Bekämpfung der Geldwäsche

Das System der Geldwäscheprävention und Geldwäschebekämpfung baut auf einer Struktur auf, die aus Gesetzen, aufsichtsrechtlichen Regulierungen und Hinweisen besteht. Im folgenden Kapitel werden die rechtlichen und praktischen Maßnahmen zur Geldwäschebekämpfung dargestellt und erörtert.

2.6.1 Internationale Maßnahmen zur Bekämpfung der Geldwäsche

Ein auf nationaler Ebene entwickeltes Sanktionssystem kann dann nicht ausreichend sein, wenn die Straftäter die Möglichkeit haben, ihre Geldwäscheaktivitäten in einem anderen Land durchzuführen. Die Bedeutung internationaler Vorgaben bei der Verfolgung der Geldwäsche steigt aufgrund der zunehmenden Globalisierung der Finanzwirtschaft und der immer häufiger auftretenden grenzüberschreitenden Aktivitäten der OK. Die OK verlagert ihre Geschäfte in Staaten, in denen die nationalen Regulierungen schnell umgangen werden können. Das Schaffen von einheitlichen, allgemein anerkannten Vorschriften und die Entwicklung eines abgestimmten Konzepts ermöglicht die internationale Zusammenarbeit und erleichtert so die grenzüberschreitende Geldwäschebekämpfung.[112] Im Folgenden sollen einige wichtige interna-

---

[110] Vgl. Bundeskriminalamt (2014b), S. 25 ff.

[111] Weitere Informationen zu den Techniken der Geldwäsche s.a. Altenkirch (2006), S. 43-82 und Schneider/ Dreer/ Riegler (2006), S. 45-59.

[112] Vgl. Teichmann/ Achsnich (2006), § 29, Rn. 3.

tionale Institutionen vorgestellt werden, die sich im Kampf gegen die Geldwäsche und Terro-rismusfinanzierung etabliert haben. Zu den wichtigsten Organisationen zählt die FATF. Drei weitere wichtige Institutionen sind die Egmont Group, der Baseler Ausschuss für Bankenauf-sicht und die Wolfsberg Group, die nur kurz aufgeführt werden sollen, bevor die EU-Geldwäscherichtlinien etwas detaillierter dargestellt werden.

2.6.1.1 Financial Action Task Force on Money Laundering

Die Financial Action Task Force (on Money Laundering) (**FATF**, „Arbeitsgruppe für finanzielle Maßnahmen (gegen Geldwäsche)") ist eine internationale Institution, die im Juni 1989 wäh-rend des G7-Gipfeltreffens in Paris gegründet wurde.[113] Das aus derzeit 36 Mitgliedern[114] be-stehende Gremium ist im Rahmen der Organisation for Economic Co-operation and Develop-ment (OECD) tätig und gilt als die wichtigste internationale Institution zur Bekämpfung der Geldwäsche und der Terrorismusfinanzierung.[115] Ziel der FATF ist das Setzen von Standards ("40 + 9 Empfehlungen") und das Vorantreiben rechtlicher und operativer Maßnahmen zur Prävention von Geldwäsche und Terrorismusfinanzierung. Mit ihren eigenen Mitarbeitern überwacht die FATF die Umsetzung ihrer Empfehlungen in den Mitgliedsländern, prüft und aktualisiert den Erkenntnisstand über die sich ständig ändernden Techniken der Geldwäscher und fördert die weltweite Verbreitung ihrer Standards.[116] Durch die jährliche Veröffentlichung ihrer "Money Laundering Typologies Reports" beabsichtigt die FATF, die Mitgliedsländer auf dem aktuellen Stand der Geldwäschemethoden und effektiven Präventionsmaßnahmen zu halten.[117]

Im Jahr 1990 veröffentlichte die FATF 40 Empfehlungen zur Verhinderung der Geldwäsche, die von den Mitgliedsstaaten eingehalten werden sollten. Die in verschiedenen Sprachen erhältli-chen Empfehlungen werden seither ständig aktualisiert und basierend auf den neusten Er-kenntnissen und Entwicklungen auf dem Gebiet der Geldwäschebekämpfung überarbeitet.[118] Ziel der FATF ist es, einheitliche Verhaltensregeln und Maßstäbe für den gesamten Finanzsek-

---

[113] Vgl. FATF-GAFI (2015a).

[114] Die 34 FATF-Mitglieder bestehen gegenwärtig aus 34 Ländern sowie 2 internationalen Organisatio-nen: Argentinien, Australien, Belgien, Brasilien, China, Dänemark, Deutschland, *Europäische Kommissi-on*, Finnland, Frankreich, Griechenland, Großbritannien, Hongkong, Indien, Irland, Island, Italien, Japan, Kanada, *Kooperationsrat der arabischen Staaten des Golfes*, Luxemburg, Mexiko, Neuseeland, Nieder-lande, Norwegen, Österreich, Portugal, Russland, Schweden, Schweiz, Singapur, Spanien, Südafrika, Südkorea, Türkei, Vereinigte Staaten von Amerika (Vgl. FATF-GAFI (2015b)).

[115] Vgl. König (2003), S. 108.

[116] Vgl. FATF-GAFI (2015c).

[117] Vgl. König (2003), S. 111.

[118] Zu den überarbeiteten 40 Empfehlungen s. FATF (2012).

tor zu schaffen. Im Gegensatz zu den EU-Geldwäscherichtlinien[119] stellen die FATF-Maßnahmen kein unmittelbar bindendes Recht ("soft law") dar und werden dennoch von mehr als 170 Ländern als verbindlich anerkannt.

Als Reaktion auf die Ereignisse des 11. Septembers 2001, wurden im Oktober 2001 neun weitere, spezielle Empfehlungen zur Bekämpfung der Terrorismusfinanzierung ausgesprochen,[120] welche bei einer Aktualisierung im Jahr 2012 komplett in die 40 Empfehlungen der FATF eingegliedert wurden.[121] Eine weitere Aktualisierung der 40 Empfehlungen erfolgte im Oktober 2015.[122]

2.6.1.2 The Egmont Group of Financial Intelligence Units

Bei der Egmont Group of Financial Intelligence Units (FIU) handelt es sich um einen informellen Zusammenschluss von Staaten und internationalen Organisationen zum Zweck der internationalen Zusammenarbeit im Kampf gegen Geldwäsche und Terrorismus. Ziel der Egmont Group ist es, ein Forum für die FIUs auf der ganzen Welt zu schaffen, gemeinsam Empfehlungen und Maßnahmen zu erarbeiten und die Umsetzung nationaler Programme im Bereich der Geldwäsche und Terrorismusfinanzierung zu fördern.[123] Die „Dachorganisation" der FIU umfasst gegenwärtig 151 Mitglieder.[124] Zu den Mitgliedern zählt auch die deutsche FIU (Zentralstelle für Verdachtsmeldungen), die dem BKA zugeordnet ist.[125]

2.6.1.3 Baseler Ausschuss für Bankenaufsicht

Der Baseler Ausschuss für Bankenaufsicht setzt sich zusammen aus Vertretern von Notenbanken und Aufsichtsbehörden zahlreicher Länder und entwickelt auf internationaler Ebene abgestimmte Regeln zur Bankenaufsicht.[126] Die 1988 veröffentlichte Baseler Grundsatzerklärung zur „Verhütung des Missbrauchs des Bankensystems für die Geldwäscherei" stellt einen wichtigen Ausgangspunkt für die Bekämpfung der Geldwäsche dar.[127]

2.6.1.4 Wolfsberg Group

Die Wolfsberg Group ist ein Zusammenschluss von Mitgliedern international führender Finanzinstitute. Seit sie im Jahr 2000 gegründet wurde, entwickelt sie Grundsätze für die Risikomin-

---

[119] Vgl. Jakobi in Helgesson / Mörth (2012), S. 22.
[120] Vgl. BaFin (o.J.a).
[121] Vgl. Ständige Vertretung der Bundesrepublik Deutschland bei der OECD (o.J.).
[122] Vgl. FATF (2012), S. 128.
[123] Vgl. Egmont Group (2016a).
[124] Eine detaillierte Auflistung der Mitglieder befindet sich in Tabelle 2 im Anhang.
[125] Vgl. Egmont Group (2016b).
[126] Vgl. Deutsche Bundesbank (o.J.)
[127] Vgl. Wienold (2010), S. 71.

imierung der Geldwäsche. Diese Grundsätze enthalten u.a. geldwäscherelevante Empfehlungen und Hinweise zu den Themen Kundenidentifizierung, Kontoeröffnung und Terrorismusfinanzierung.[128]

2.6.1.5 Die EU-Geldwäscherichtlinien

Im folgenden Abschnitt werden alle bisher verabschiedeten EU-Geldwäscherichtlinien und ihr Hintergrund vorgestellt.

2.6.1.5.1 Hintergrund zum Anti-Geldwäsche Programm (AML initiative)

Der 1993 geschaffene Binnenmarkt der Europäischen Union (EU) bildet das Kernstück der Europäischen Wirtschafts- und Integrationsarchitektur. Es handelt sich um einen einheitlichen Markt, der den freien Waren-, Dienstleistungs-, Kapital- und Personenverkehr garantiert.[129] Geldwäsche ist eine der negativen Folgen der Liberalisierung der Märkte innerhalb der EU.

Das eigentliche Ziel der Öffnung der Märkte war die Vereinfachung des freien, grenzüberschreitenden Handels für Einzelpersonen und Unternehmen. Dies trug allerdings auch negative Konsequenzen mit sich, denn der Binnenmarkt wird von Straftätern ausgenutzt, um bspw. gestohlene Waren über die Grenzen zu schmuggeln oder um andere Straftaten zu begehen.

Eine weitere Grundfreiheit des Binnenmarktes ist der freie Personenverkehr. Alle EU-Bürger dürfen ihren Wohnsitz in allen Mitgliedsländern frei wählen sowie dort ungehindert einer Arbeit, Ausbildung oder unternehmerischen Tätigkeit nachgehen. Diese wirtschaftliche Freiheit wird teilweise von Verbrechern ausgenutzt, um Menschen zum Zwecke der Prostitution und anderen kriminellen Zwecken zu schmuggeln. Das schmutzige Geld, das durch den Missbrauch dieser Freiheiten beschafft wurde, muss dann gewaschen und in die Realwirtschaft wieder eingeschleust werden.

Die Regelung des freien Kapital- und Zahlungsverkehrs hat zu einem gewissen Grad dazu beigetragen, den Missbrauch solcher wirtschaftlichen Freiheiten zu erleichtern. Die Freiheit, Finanzmittel unproblematisch innerhalb des EU-Finanzmarkts zu verschieben, vereinfacht die Terrorismusfinanzierung. Es gilt zu verhindern, dass die Freiheiten von Terroristen als Grundlage für neue Formen von Kriminalität genutzt werden. Zur Zeit der Liberalisierung der Märkte wurde das Risiko der Kriminalität thematisiert und präventive Maßnahmen, wie bspw. die Geldwäscherichtlinien, entwickelt.[130]

---

[128] Vgl. The Wolfsberg Group (2015).
[129] Vgl. bpb: Bundeszentrale für politische Bildung (2014).
[130] Vgl. Seyad (2012), S. 34 ff.

2.6.1.5.2 Die Erste EU-Geldwäscherichtlinie

Das Übereinkommen der Vereinten Nationen gegen den unerlaubten Verkehr von Suchtstoffen und psychotropen Stoffen (Wiener Drogenkonvention) vom 20. Dezember 1988 bildet den Ausgangspunkt der Gesetzgebung gegen die Geldwäsche. Ziel war die Verhinderung der Geldwäsche von Einnahmen aus dem illegalen Drogenhandel. 87 Staaten unterzeichneten die Konvention, die 1990 in Kraft trat.

Da alle Mitgliedsländer der EU, sowie die EU-Kommission selber, Mitglieder der FATF sind, basierten viele Zielsetzungen und Zwecke der Geldwäscherichtlinie auf den Empfehlungen der FATF.[131]

Die erste EU-Geldwäscherichtlinie (Richtlinie des Rates zur Verhinderung der Nutzung des Finanzsystems zum Zwecke der Geldwäsche)[132] vom 10. Juni 1991 richtete sich im Wesentlichen an Kredit- und Finanzinstitute mit dem Ziel, das Finanzsystem transparenter zu machen.[133]

Die Richtlinie schrieb den Kredit- und Finanzinstituten vor, ihre Kunden zu identifizieren, Belege zu speichern und an besonderen Fortbildungsprogrammen zur Bekämpfung der Geldwäsche teilzunehmen. Außerdem führte die Richtlinie die Pflicht ein, das Bankgeheimnis in begründeten Vorkommnissen aufzuheben und verdächtige Finanztransaktionen zu melden. Zusätzlich sollte jedes der Meldepflicht unterliegende Institut einen risikobasierten Ansatz einführen und jede auffällige Transaktion, die im Zusammenhang mit Geldwäsche stehen könnte, aufmerksam prüfen.

Bis 1995 wurde die Erste EU-Geldwäscherichtlinie von allen EU-Mitgliedsstaaten in nationales Recht umgesetzt. Die Richtlinie forderte von den Mitgliedsländern, den Straftatbestand der Geldwäsche in ihre Strafgesetzbücher aufzunehmen und somit per Gesetz zu verbieten.[134] Dabei beschränkte sich die Definition der Geldwäsche nicht nur auf die Gelder, die im Zusammenhang mit Drogenkriminalität stehen, sondern betrachtete alle kriminellen Handlungen.[135]

Durch die Erhebung der sich speziell auf den Finanzsektor beziehenden Empfehlungen der FATF zu europäischen Rechtsvorschriften, wurde der Grad der Verbindlichkeit erheblich gefes-

---

[131] Vgl. Seyad (2012), S. 34.
[132] Richtlinie des Rates vom 10. Juni 1991 zur Verhinderung der Nutzung des Finanzsystems zum Zwecke der Geldwäsche (91/308/EWG), Abl. L 166 vom 28. Juni 1991, S. 77-83.
[133] Vgl. Bausch/ Voller (2014), S. 6.
[134] Vgl. Achsnich/ Teichmann (2006), § 29, Rn. 8.
[135] Vgl. Altenkirch (2006), S. 95.

tigt. Die Richtlinie und deren entsprechende nationale Implementierung verpflichteten die Mitgliedsländer gesetzlich dazu, Geldwäschevorgänge zu melden. In den ursprünglichen 40 Empfehlungen der FATF war die Meldung noch freiwillig.[136] Das Ziel war, die in den Empfehlungen enthaltenden Standards weltweit umzusetzen. Einzelne Länder haben unterschiedliche Rechts- und Finanzsysteme, sodass eine einheitliche Umsetzung der Maßnahmen kaum realisierbar ist. Aus diesem Grund wurde den Mitgliedsländern eine gewisse Entscheidungsfreiheit für ihre nationalen Besonderheiten gewährt und nicht jede Einzelheit vorgeschrieben. Dies hat allerdings negative Auswirkungen auf die Effektivität der internationalen Zusammenarbeit, da die Vorschriften nicht einheitlich in den jeweiligen Ländern umgesetzt werden.[137]

2.6.1.5.3 Die Zweite EU-Geldwäscherichtlinie

Die Zweite EU-Geldwäscherichtlinie (Richtlinie des Rates zur Verhinderung der Nutzung des Finanzsystems zum Zwecke der Geldwäsche)[138] erweiterte am 4. Dezember 2001 die Erste Geldwäscherichtlinie unter anderem als Reaktion auf die Terroranschläge des 11. September 2001 in den USA. Da die Methoden der Geldwäsche einem ständigen Wandel unterzogen sind, musste die Richtlinie aktualisiert werden. Der Vortatenkatalog der Geldwäsche wurde erweitert und die Kontrollen und Präventionsmaßnahmen verschärft. Zusätzlich wurde in Artikel 3 Abs. 2 die Verpflichtung hinzugefügt, die Identität aller Kunden festzustellen, die eine Barzahlung in Höhe von 15.000 Euro oder mehr tätigen.[139] Im Vergleich zur Ersten Geldwäscherichtlinie, bei der der Bekämpfungsschwerpunkt noch auf den Bankensektor gelegt wurde, wurde die Zielgruppe in der Zweiten Richtlinie deutlich erweitert. Neben Banken und Finanzdienstleistern wurden u.a. auch Wirtschaftsprüfer, externe Buchprüfer und Steuerberater, Immobilienmakler, Notare und andere selbstständige Angehörige von Rechtsberufen, Personen, die mit hochwertigen Gütern handeln und Angestellte von Spielkasinos verpflichtet.[140] Die Ausweitung des Verpflichtetenkreis auf den Nichtfinanzsektor wurde kontrovers diskutiert, da bspw. Rechtsanwälte befürchteten, dass das Vertrauensverhältnis zum Mandanten mit der neuen Regelung beschädigt werden könnte.[141]

---

[136] Vgl. Achsnich/ Teichmann (2006), § 29, Rn. 8.
[137] Vgl. Wienold (2010), S. 73.
[138] Richtlinie 2001/97/EG des Europäischen Parlaments und des Rates vom 4. Dezember 2001 zur Änderung der Richtlinie 91/308/EWG des Rates zur Verhinderung der Nutzung des Finanzsystems zum Zwecke der Geldwäsche, ABl. L 344 vom 28. Dezember 2001, S. 76 – 81.
[139] Vgl. Bausch/ Voller (2014), S. 7.
[140] Vgl. Höche (2003), S. 97.
[141] Vgl. Wienold (2010), S. 76 f.

Mit der zweiten Richtlinie wurden Güterhändler erstmalig in einer Geldwäscherichtlinie erfasst.[142] Die Bedeutung der Richtlinie und der Hinweis auf die Notwendigkeit zur internationalen Zusammenarbeit im Kampf gegen Geldwäsche wurden bei der Konferenz der Parlamente
der Europäischen Union über die Bekämpfung der Geldwäsche am 7. und 8. Februar 2002 noch
einmal ausdrücklich hervorgehoben.[143]

2.6.1.5.4 Die Dritte EU-Geldwäscherichtlinie

Am 26. Oktober 2005 ersetzte die Dritte EU-Geldwäscherichtlinie (Richtlinie zur Verhinderung
der Nutzung des Finanzsystems zum Zwecke der Geldwäsche und der Terrorismusfinanzierung)[144] die zwei ersten Richtlinien zur Geldwäsche. Sie wurde gegenüber den vorherigen
Richtlinien vollständig überarbeitet und neu aufgelegt. Einer der Anlässe für eine Erneuerung
war, dass die FATF in 2003 ihre Empfehlungen zur Bekämpfung der Geldwäsche nochmal umfassend überarbeitet und erweitert hatte. Diese Empfehlungen wurden aufgegriffen und in der
Richtlinie umgesetzt. Zu diesem Zeitpunkt waren die Aufgaben und Diskussionsgegenstände
der FATF ebenfalls auf die Bekämpfung der Terrorismusfinanzierung ausgedehnt worden. Die
in diesem Zusammenhang beschlossenen Sonderempfehlungen wurden in die neue Geldwäscherichtlinie aufgenommen.[145]

Die Dritte Richtlinie forderte erstmalig die Staffelung von Sorgfaltspflichten in allgemeine, vereinfachte und verstärkte Sorgfaltspflichten gegenüber Kunden. Diese Regelung bildete die
Basis für den von der FATF geforderten „risk based approach", in Deutschland besser bekannt
unter dem Begriff „risikobasierter Ansatz", der die Risiken im Rahmen eines institutsinternen
Risikomanagements einbindet.[146] Die Bildung von Risikokategorien, allgemeinen kundenbezogenen Sorgfaltspflichten und die Implementierung eines Internen Kontrollsystems (IKS) gehören zu den Kernpunkten des risikobasierten Ansatzes. Dieser Ansatz ermöglicht eine größere
Flexibilität bei der Ausgestaltung von internen Sicherungsmaßnahmen. Auf der anderen Seite
ergibt sich dadurch aber auch eine größere Verantwortung bezogen auf die Angemessenheit
der getroffenen Maßnahmen. Gemäß Artikel 5 der Dritten EU-Geldwäscherichtlinie basierte
diese auf dem Konzept der Mindestharmonisierung.[147] Das bedeutet, dass die Mitgliedsstaaten

---

[142] Vgl. Bausch/ Voller (2014), S. 7.
[143] s. Assemblée Nationale (2002).
[144] Richtlinie 2005/60/EG des Europäischen Parlaments und des Rates vom 26. Oktober 2005, zur Verhinderung der Nutzung des Finanzsystems zum Zwecke der Geldwäsche und der Terrorismusfinanzierung, ABl. L 309 vom 25. November 2005, S. 15-36.
[145] Vgl. Schneider/ Dreer/ Riegler (2006), S. 162.
[146] Vgl. Bausch/ Voller (2014), S. 7 f.
[147] Vgl. Becker, K. (2012), S. 7 f.

generell auch strengere Vorschriften zur Vermeidung von Geldwäsche und Terrorismusfinanzierung erlassen dürfen.[148]

Am 15. Dezember 2005 trat die Dritte Geldwäscherichtlinie in Kraft. Die Umsetzung durch die Mitgliedsstaaten in nationales Recht musste innerhalb von zwei Jahren erfolgen.[149] Deutschland ist dieser Verpflichtung mit dem Inkrafttreten des Geldwäschebekämpfungsergänzungsgesetzes (GwBekErgG) am 21. August 2008 nachgekommen.[150]

2.6.1.5.5 Die Vierte EU-Geldwäscherichtlinie

Am 20. Mai 2015 beschloss das Europäische Parlament die Vierte „Richtlinie zur Verhinderung der Nutzung des Finanzsystems zum Zwecke der Geldwäsche und der Terrorismusfinanzierung."[151] Die Umsetzung durch die Mitgliedstaaten in nationales Recht muss innerhalb der nächsten zwei Jahre erfolgen. Die EU-Kommission fordert jedoch in ihrem Aktionsplan vom Februar 2016 ihre Mitgliedsländer auf, die Vierte Geldwäscherichtlinie bereits bis Ende 2016 in nationales Recht umzusetzen, um insbesondere auch die Terrorismusfinanzierung zu bekämpfen.[152]

Die Vierte EU-Geldwäscherichtlinie und die neue Geldtransferverordnung regeln die Maßnahmen zur Geldwäschebekämpfung nochmal deutlich strenger als die vorherigen Richtlinien. Durch detaillierte Risikoanalysen und weitere Anforderungen an die Verpflichteten entsteht ein zusätzlicher Aufwand für diese und für die involvierten staatlichen Stellen. Auch durch eine Verschärfung der Sanktionen zeigt der europäische Gesetzgeber seine Entschlossenheit, Geldwäsche und Terrorismusfinanzierung noch stärker zu bekämpfen.

Ein weiteres Ziel der EU ist die stärkere Angleichung nationaler Regeln. Dennoch basiert auch die neue Richtlinie auf dem Konzept der Mindestharmonisierung. Dafür legt sie bedeutsam deutlichere Maßnahmen in anderen Bereichen fest, wie bspw. bei der Festlegung von Sanktionen. Darüber hinaus beauftragt sie die drei europäischen Aufsichtsbehörden (European Supervisory Authorities – ESAs), durch Leitlinien und technische Regulierungsstandards europaweit verpflichtende Regeln vorzuschreiben.

---

[148] Vgl. BaFin (2015a).
[149] Vgl. Achsnich/ Teichmann (2006), § 29, Rn. 11.
[150] Vgl. BGBl I, S. 1690.
[151] Richtlinie (EU) 2015/849 des Europäischen Parlaments und des Rates vom 20. Mai 2015 zur Verhinderung der Nutzung des Finanzsystems zum Zwecke der Geldwäsche und der Terrorismusfinanzierung, zur Änderung der Verordnung (EU) Nr. 648/2012 des Europäischen Parlaments und des Rates und zur Aufhebung der Richtlinie 2005/60/EG des Europäischen Parlaments und des Rates und der Richtlinie 2006/70/EG der Kommission.
[152] Vgl. Europäische Kommission (2016).

Hauptursache für die Gesetzesänderung war die Tatsache, dass die europäischen Regelungen zur Bekämpfung der Geldwäsche und Terrorismusfinanzierung an die aktualisierten Empfehlungen der FATF aus dem Jahr 2012 angepasst werden sollten. Die Änderungen beinhalten allerdings auch eigene Schwerpunkte des europäischen Gesetzgebers, sodass einzelne neue Regeln der Vierten Geldwäscherichtlinie über die Empfehlungen der FATF hinausgehen oder typisch europäische Phänomene anbelangen, wie z.B. das Verhältnis von Heimatstaat und Gaststaat bei der grenzüberschreitenden Erbringung von Dienstleistungen innerhalb der EU.

Im Folgenden werden einige wesentliche Änderungen der Vierten Geldwäscherichtlinie vorgestellt, die für das deutsche Finanzsystem von Bedeutung sind.

> **Stärkung des risikobasierten Ansatzes**

Eine gravierende Änderung der Richtlinie bezieht sich auf den risikoorientierten Ansatz. Die Gesetzesänderung sieht vor, dass die Verpflichteten jede individuelle Geschäftsbeziehung und Transaktion auf ihr jeweiliges Geldwäscherisiko untersuchen und in verschiedene Risikogruppen einstufen (hohes, mittleres, geringes Risiko). Die Dritte Geldwäscherichtlinie wies noch einen Katalog vorgegebener Situationen mit geringerem oder erhöhtem Geldwäscherisiko auf. Bei der neuen Geldwäscherichtlinie müssen die Verpflichteten jede einzelne Geschäftsbeziehung und Transaktion untersuchen. Eine finale Bewertung, in welche Risikogruppe eine individuelle Situation eingestuft wird, kann erst nach der Gesamtbetrachtung aller relevanten Risikofaktoren geschehen. Damit sollen Automatismen bei der Risikobewertung verhindert werden. PePs,[153] Korrespondenzbankbeziehungen[154] sowie Kunden aus bestimmten Hochrisikoländern[155] werden nach wie vor als Hochrisikosituation eingestuft.[156]

> **Verhältnis von Heimat- und Gastlandaufsicht**

Regelungen zur Geldwäscheaufsicht in grenzüberschreitenden Fällen werden im Gegensatz zur Dritten Geldwäscherichtlinie in der neuen Richtlinie eindeutig geregelt. Sie besagen, dass im Gastland ansässige Niederlassungen den dortigen Geldwäschevorschriften folgen müssen. Die Beaufsichtigung und Kontrolle übernimmt die Aufsichtsbehörde des Gastlandes. Diese kann von den im Gastland ansässigen Niederlassungen verlangen, dass sie zentrale Kontaktstellen

---

[153] Mehr zum Thema PePs s. Kapitel 2.1.
[154] Mehr zum Thema Korrespondenzbankbeziehungen s. Kapitel 2.1.
[155] Zu Hochrisikoländern zählen gegenwärtig u.a.: Afghanistan, Bosnien und Herzegowina, Guyana, Irak, Iran, Jemen, Laos, Myanmar, Nordkorea, Papua-Neuguinea, Syrien, Uganda und Vanuatu. (Vgl. BaFin (2016)).
[156] Einen beispielhaften Prozess zur Geldwäscheprävention zeigt Abbildung 15 im Anhang.

bestimmen. Die Verantwortlichen sollen sicherstellen, dass das Institut die Vorschriften zur Geldwäschebekämpfung und Terrorismusfinanzierung befolgt.

> ➢ **Aufgaben der europäischen Aufsichtsbehörden**

In der Vierten Geldwäscherichtlinie werden den ESAs erstmalig verbindliche Aufgaben im Bereich der Geldwäschebekämpfung zugeteilt. Dazu zählen die Erarbeitung einer gemeinsamen Stellungnahme zu den Risiken der Geldwäsche und der Terrorismusfinanzierung für den Finanzsektor der EU sowie die Entwicklung von einzelnen Leitlinien und Technischen Regulierungsstandards.

> ➢ **Erhöhung der Bußgelder und Verschärfung von Sanktionen**

Neu und entscheidend ist außerdem die Ausweitung der Sanktionen. Die einzelnen Mitgliedstaaten sind dafür verantwortlich, dass schwerwiegende, wiederholte oder systematische Verstöße gegen die Geldwäscheregeln sanktioniert werden. Zu diesen Strafmaßnahmen gehören neben hohen Geldbußen auch die Veröffentlichung der betroffenen natürlichen oder juristischen Personen und der Art des Verstoßes, sofern keine Ausnahmen vorliegen, die dem entgegenstehen.

> ➢ **Neue Geldtransferverordnung**

Die neue Geldtransferverordnung sieht u.a. vor, dass künftig Zahlungsdienstleister neben Daten zum Auftraggeber auch Daten zum Begünstigten übermitteln müssen. Zwischengeschaltete Dienstleister wie bspw. Korrespondenzbanken müssen anhand wirksamer Verfahren sicherstellen, dass alle Angaben vollständig sind. Für den Fall, dass die erforderlichen Daten nicht vollständig vorliegen, muss ein risikobasiertes Verfahren etabliert werden, anhand dessen entschieden werden kann, wie mit dem Transfer weiter umgegangen wird und welche Folgemaßnahmen zu treffen sind (z.B. können die fehlenden Daten beim Zahlungsdienstleister des Auftraggebers angefordert oder die Transaktion als potenziellen Verdachtsfall an die zuständigen Behörden gemeldet werden).

Sofern keine verdächtigen Anhaltspunkte für Geldwäsche oder Terrorismusfinanzierung vorliegen oder Verbindungen zu anderen Transfers festgestellt wurden, müssen die Angaben erst bei Transfers von mehr als 1.000 Euro überprüft werden.

Die Neuerungen der Geldtransferverordnung sind mit schärferen Sanktionsregelungen verbunden, die in Einklang mit den Sanktionstatbeständen der Vierten EU-Geldwäscherichtlinie stehen.

> **Register zu wirtschaftlich Berechtigten**

In Artikel 30 der Richtlinie wird die Einholung und Aufbewahrung von Angaben zu wirtschaftlich Berechtigten[157] durch alle juristischen Personen gefordert. In einem zentralen nicht öffentlich einsehbaren Register sollen diese Informationen in jedem Mitgliedsland aufbewahrt werden. Dieser ist nur durch Aufsichtsbehörden, zentrale Verdachtsmeldestellen, Verpflichtete im Rahmen der Erfüllung ihrer Kundensorgfaltspflicht sowie Personen und Organisationen, die ein berechtigtes Interesse nachweisen können, einsehbar.[158]

Die Neuerungen in der Richtlinie werden nicht nur in der Finanzwelt europaweit zu tiefgreifenden Änderungen bei der Risikobewertung von Kundenbeziehungen führen. Bereits absehbar ist, dass damit ein enormer Aufwand für die Banken verbunden sein wird. Dieser sollte aber durch die Reduzierung von Rechts- und Reputationsrisiken kompensiert werden.[159]

Weitere Neuerungen der Vierten Geldwäscherichtlinie sind u.a. die in Artikel 6 geregelte Absenkung der Schwellen für Barzahlungen, sowie Ausnahmeregelungen für vereinfachte Sorgfaltspflichten und neue Regeln für E-Geld-Produkte, die hier nicht weiter vertieft werden sollen.

2.6.2 Nationale Maßnahmen zur Bekämpfung der Geldwäsche

Im folgenden Abschnitt werden die wichtigsten und bekanntesten Regulierungen und Empfehlungen zur Geldwäschebekämpfung in Deutschland vorgestellt, die infolge der Umsetzung der internationalen Maßnahmen in nationales Recht erlassen wurden.

2.6.2.1 Das OrgKG vom 15. Juli 1992 und Einführung des § 261 StGB in das Strafgesetzbuch

Das Hauptziel des Gesetzgebers ist die Bekämpfung der OK. Die Grundlage ihrer Tätigkeit soll nachhaltig zerstört oder geschwächt werden, indem man ihr die finanziellen Mittel nimmt.[160]

Das „Gesetz zur Bekämpfung des illegalen Rauschgifthandels und anderer Erscheinungsformen der Organisierten Kriminalität" (OrgKG)[161] vom 15. Juli 1992 ist als eine der ersten wichtigen Maßnahmen zur Geldwäschebekämpfung in Deutschland zu nennen. In dem Gesetz werden u.a. die Vorgaben des Wiener Übereinkommens von 1988 in nationales Recht umgesetzt. Mit der Einführung des § 261 StGB „Geldwäsche; Verschleierung unrechtmäßig erlangter Vermögensgegenstände" als ein eigener Straftatbestand im Besonderen Teil des Strafgesetzbuches

---

[157] Mehr zum Thema Wirtschaftlich Berechtigter s. Kapitel 2.1.
[158] Vgl. BaFin (2015a).
[159] Vgl. Taschke (2015), S. 18.
[160] Vgl. Achsnich/ Teichmann (2006), § 29, Rn. 28.
[161] BGBl. I, 1992, S. 1302.

wurde die Aufforderung aus Artikel 3 des Wiener Übereinkommens, Geldwäscherei zu bestrafen, realisiert.[162]

Gemäß § 261 StGB ist Geldwäsche eine illegale Handlung vorausgesetzt.[163] In den OECD-Ländern werden strafbare Handlungen, die eine Legalisierung der illegal erwirtschafteten Vermögenswerte erfordern als Vortat beschrieben.[164] Der ursprüngliche Vortatenkatalog beinhaltete zunächst Verbrechen und Verstöße gegen das Betäubungsmittelgesetz und die Bildung krimineller Bündnisse. Seitdem wurde der Inhalt des § 261 StGB kontinuierlich erneuert und erweitert. Im Rahmen der Veränderungen wurde insbesondere der Vortatenkatalog der Geldwäsche umfangreich ausgebaut.[165] Der Gesetzgeber verweist im § 261 StGB auf weitere Paragraphen des Strafgesetzbuches, in denen alle relevanten Vortaten dargestellt werden. Zu ihnen zählen u.a. Bestechung, Bilanzfälschung, Insiderhandel, Insolvenzbetrug, Veruntreuung, Kreditwucher, Anlagenbetrug, Scheck- und Kreditkartenkriminalität.[166] Anhand des Katalogs möglicher Vortaten kann man erkennen, dass die Herkunft der zu waschenden Gelder oder Vermögenswerte sehr vielschichtig ist. Allein 65 verschiedene Verbrechen kommen im Sinne des § 261 Abs. 1 Nr. 1 StGB als Vortaten der Geldwäsche in Frage. Des Weiteren werden in § 261 Abs. 1 Nr. 2 bis 5 StGB 48 zusätzliche Vergehen aufgezählt.[167] Durch die Vielfalt an Vortaten wird das Risiko jedes Verpflichteten erhöht, dass die jeweiligen Gelder oder Vermögensgegenstände aus einer solchen Vortat stammen.[168]

Gemäß § 261 StGB macht sich derjenige strafbar, der Geldmittel oder andere rechtswidrig erworbene Vermögensgegenstände verbirgt, dessen Herkunft verschleiert oder die Ermittlungen der Herkunft, das Auffinden, den Verfall, die Sicherstellung oder die Einziehung des Vermögensgegenstands vereitelt oder gefährdet.

Bei vorsätzlicher Begehung der Straftaten droht eine Freiheitsstrafe von drei Monaten bis fünf Jahren, bei einem schweren Fall (Banden, OK) kann die Strafe zwischen sechs Monaten und zehn Jahren betragen.

Eine Geldbuße oder eine Freiheitsstrafe bis zu zwei Jahren droht demjenigen, der eine Geldwäsche leichtfertig nicht erkennt. Absatz 9 des § 261 StGB gewährt unter bestimmten Voraussetzungen eine Straffreiheit. Sofern bspw. die Geldwäsche freiwillig selbst angezeigt wird,

---

[162] Vgl. Wienold (2010), S. 78 f.
[163] Vgl. Vogt (2006) § 1, Rn. 4.
[164] Vgl. König (2003), S. 111.
[165] Vgl. Achsnich/ Teichmann (2006), § 29, Rn. 28.
[166] Vgl. König (2003), S. 111.
[167] Eine Auflistung der Vortaten kann Tabelle 3 im Anhang entnommen werden.
[168] Vgl. Bausch/ Voller (2014), S. 15.

wenn die Tat zu diesem Zeitpunkt noch nicht ganz oder teilweise entdeckt war, sieht der Gesetzgeber eine strafbefreiende Wirkung vor.[169]

2.6.2.2 Das Geldwäschegesetz

Mit dem Geldwäschegesetz werden verschiedene internationale Vorgaben, z.B. der EU-Geldwäscherichtlinien oder der FATF, in deutsches Recht umgesetzt. Im folgenden Abschnitt werden die jeweils erschienenen Fassungen des Geldwäschegesetzes kurz vorgestellt, bevor anschließend das aktuelle „Gesetz über das Aufspüren von Gewinnen aus schweren Straftaten" thematisiert wird.

2.6.2.2.1 Das Geldwäschegesetz vom 29. November 1993

Das ursprünglich für Kredit- und Finanzdienstleistungsinstitute formulierte Geldwäschegesetz trat am 29. November 1993 in Kraft. Grundlage für die Einführung des Gesetzes waren internationale Vorgaben, insbesondere die Empfehlungen der FATF, sowie die Umsetzung der ersten Richtlinie der Europäischen Gemeinschaft (EG) von 1991 zur Verhinderung der Geldwäsche.[170]

2.6.2.2.2 Das Geldwäschegesetz vom 14. August 2002

Beeinflusst durch die Terroranschläge am 11. September 2001 wurde das Geldwäschegesetz geändert, um insbesondere die Terrorismusfinanzierung verstärkt zu bekämpfen.[171] Das „Gesetz zur Verbesserung der Bekämpfung der Geldwäsche und der Finanzierung des Terrorismus" setzte damit die zweite Geldwäscherichtlinie um. In der Gesetzesänderung wurden neben dem Finanzsektor neue Berufsgruppen in die Bekämpfung von Geldwäsche mit einbezogen.[172]

2.6.2.2.3 Das Geldwäschegesetz vom 13. August 2008

Das Geldwäschegesetz vom 13. August 2008 basiert auf den Mindestvorgaben der dritten Geldwäscherichtlinie und den ersten Empfehlungen der FATF und stellt eine grundlegende Überarbeitung des Geldwäschegesetzes vom 29. November 1993 dar.[173]

Das „Gesetz über das Aufspüren von Gewinnen aus schweren Straftaten" muss im Rahmen des Inkrafttretens der Vierten EU-Geldwäscherichtlinie bis spätestens 2017 angepasst werden. Eine wesentliche Änderung ist die Absenkung der Identifizierungsschwelle des Vertragspart-

---

[169] Vgl. § 261 Abs. 9 StGB.
[170] Vgl. Wienold (2010), S. 79.
[171] Vgl. Altenkirch (2006), S. 100 f.
[172] Vgl. Wienold (2010), S. 82.
[173] Vgl. Bausch/ Voller (2014), S. 9.

ners bei Barzahlungen von derzeit 15.000 Euro auf 10.000 Euro im Bereich des Güterhandels.[174]

Ziel des Geldwäschegesetzes ist es, den Missbrauch von Unternehmen für Geldwäsche oder Terrorismusfinanzierung zu verhindern.[175] Illegale Gewinne, die im Zusammenhang mit der OK stehen, sollen schneller erkannt und erfolgreicher bekämpft werden. Aus diesem Grunde werden Finanzunternehmen, aber auch Güterhändler jeglicher Größe dazu verpflichtet, bei der Geldwäschebekämpfung mitzuwirken. Die Straftäter sollen so daran gehindert werden, illegale Gelder in den normalen Wirtschaftskreislauf einzuschleusen und Schwierigkeiten bekommen, diese Finanzströme zu verschleiern.[176]

Um dieses Ziel zu erreichen, nennt das Gesetz bestimmte Fälle, in denen Unternehmen Informationen über die Identität ihrer Vertragspartner einholen müssen (Know your Customer-Prinzip = Kenne Deinen Kunden). Durch das Überwachen ihrer Geschäftsbeziehungen auf Auffälligkeiten und das Einführen von internen Sicherungsvorkehrungen, sollen Hinweise für Geldwäsche frühzeitig erkannt und es den Geldwäschern erschwert werden, anonym zu handeln. Für die dafür notwendigen Vorkehrungen gibt es keine vorgeschriebenen Regeln. Die Bekämpfung soll risikoorientiert stattfinden. Das bedeutet, dass die Verpflichteten mittels einer individuellen Analyse die für ihre Geschäftstätigkeit und Geschäftspartner kennzeichnenden Risiken feststellen und den Missbrauch zu Geldwäschezwecken durch jeweils angemessene Maßnahmen verhindern sollen.[177]

Viele Unternehmen haben die Relevanz des Themas Geldwäsche noch nicht erkannt. In diesem Buch liegt der Fokus auf den vom Geldwäschegesetz betroffenen Unternehmen aus dem Nichtfinanzsektor, wie z.B. Händler, Immobilienmakler, Versicherungsvermittler und Berater. Im Finanzsektor sind zusätzliche Verpflichtungen aus anderen Spezialgesetzen bei der Gelwäscheprävention zu beachten, auf die hier nicht näher eingegangen wird.

Das Gesetz betrifft zahlreiche Unternehmen und Personen. Zusätzlich zu der gesamten Finanz- und Versicherungswirtschaft bezieht es sich auf den Nichtfinanzsektor. Zum diesem zählen u.a. Rechtsanwälte, Notare, Wirtschaftsprüfer, Steuerberater, Immobilienmakler, Finanzunternehmen i.S.d. § 1 Abs. 3 Kreditwesengesetz (KWG), Spielbanken etc. Außerdem werden juristi-

---

[174] Vgl. IHK Frankfurt am Main (2016b).
[175] Vgl. Bezirksregierung Arnsberg (2015), S. 1.
[176] Vgl. IHK Bodensee-Oberschwaben (o.J.).
[177] Vgl. Bezirksregierung Arnsberg (2015), S. 1.

sche oder natürliche „Personen, die gewerblich mit Gütern handeln"[178] (z.b. Hersteller, Groß- und Einzelhandel) erfasst.

Die genaue und abschließende Aufzählung der durch das Geldwäschegesetz Verpflichteten findet sich in § 2 Abs. 1 GwG. Diejenigen, die dort nicht erwähnt werden, müssen das Geldwäschegesetz nicht beachten (z.b. Hotel- und Gastronomiebetriebe).

Grundsätzlich ist der gesamte Handel (also Personen, die gewerblich mit Gütern handeln) vom Gesetz betroffen. Innerhalb dieser großen Gruppe können Branchen identifiziert werden, die aufgrund ihrer Produkte Geschäfte mit größeren Barbeträgen abschließen und deshalb als attraktive Zielgruppe für Geldwäschegeschäfte gelten. Dazu zählen u.a. Kfz Händler, Juweliere und Uhrmacher, hochwertige Unterhaltungselektronikhändler, Kunst- und Antiquitätenhändler sowie Luxusguthändler (z.B. Bootshändler, Pferdezüchter, Pelzhändler). Privates Handeln fällt nicht in den Anwendungsbereich des Geldwäschegesetzes. Das Gesetz ist nur anwendbar, sofern die Verpflichteten in Ausübung ihrer geschäftlichen oder beruflichen Tätigkeit handeln.[179]

Das Geldwäschegesetz nennt verschiedene betriebsinterne Maßnahmen und kundenbezogene Sorgfaltpflichten, die die Verpflichteten erfüllen müssen. Im Folgenden werden einige Pflichten nach dem Geldwäschegesetz aufgeführt, die insbesondere für Güterhändler relevant sind.

Betriebsinterne Maßnahmen

Zu den betriebsinternen Maßnahmen zählen laut dem Geldwäschegesetz all diejenigen Pflichten im Unternehmen, die unabhängig von den kundenbezogenen Sorgfaltspflichten gelten. Das Ziel besteht darin, den Betrieb gegenüber Geldwäschestraftaten zu sensibilisieren und zu schützen. Zu den Maßnahmen zählen die Errichtung interner Sicherungssysteme / Risikoanalysen, die Unterrichtung der Mitarbeiter sowie die Prüfung ihrer Zuverlässigkeit. Des Weiteren kann angeordnet werden, dass ein Geldwäschebeauftragter bestellt werden muss. Die konkrete Ausgestaltung ist der Geschäftsleitung überlassen. Dabei sollten Faktoren wie Branche, Unternehmensgröße und Risikostruktur berücksichtigt werden. Die Durchführung betriebsinterner Sicherungsmaßnahmen kann ggf. vertraglich auf Dritte übertragen werden. Auch wenn das Geldwäschegesetz keine konkreten Vorgaben über Dokumentations- und Aufbewahrungspflichten nennt, ist es empfehlenswert, betriebsinterne Maßnahmen zu dokumentieren.[180]

Kundenbezogene Sorgfaltspflichten

---

[178] § 2 Abs. 1 Nr. 13 GwG.
[179] Vgl. IHK Bodensee-Oberschwaben (o.J.).
[180] Vgl. Bezirksregierung Köln (2015), S. 2 ff.

Zu den kundenbezogenen Sorgfaltspflichten zählen folgende:

- Identifizierung des Vertragspartners
- Abklärung des Hintergrunds der Geschäftsbeziehung (Zweck und angestrebte Art der Geschäftsbeziehung)
- Ermittlung und Identifizierung von wirtschaftlich Berechtigten
- Kontinuierliche Überwachung der Geschäftsbeziehung
- Dokumentation und Aufbewahrung von Informationen für mindestens fünf Jahre
- Meldung von Verdachtsfällen (wenn Auslösetatbestände[181] vorliegen)

Sofern bestimmte Sorgfaltspflichten nicht erfüllt werden können, darf die Geschäftsbeziehung grundsätzlich nicht begründet oder fortgesetzt werden. Ein Vertrag sollte in diesem Fall nicht zustande kommen und bestehende Geschäftsbeziehungen müssen ggf. beendet werden.[182] Ein Schema zur Überprüfung von natürlichen Personen für Güterhändler zeigt Abbildung 16 im Anhang.

Aufsicht

Das Gesetz regelt in § 16 GwG, welche Aufsichtsbehörden die Einhaltung der Pflichten des Geldwäschegesetzes kontrollieren. Diese sollen bei Bedarf Maßnahmen anordnen und Verstöße mit Bußgeldern ahnden.[183] Des Weiteren sind sie verpflichtet, Zuwiderhandlungen und Verdachtsfälle den zuständigen Strafverfolgungsbehörden und dem BKA zu melden.[184]

2.6.2.3 Rundschreiben und Verlautbarung der BaFin

Die Bundesanstalt für Finanzdienstleistungsaufsicht (BaFin) ist eine selbstständige Institution des öffentlichen Rechts und beaufsichtigt Banken und Finanzdienstleister, Versicherer und den Wertpapierhandel. Sie untersteht der Rechts- und Fachaufsicht des Bundesministeriums der Finanzen und finanziert sich aus Gebühren und Beiträgen der Institute und Unternehmen, die sie kontrolliert.[185]

Ziel der BaFin ist es zu verhindern, dass Finanzsysteme zu Zwecken von Geldwäsche, Terrorismusfinanzierung und weiteren Straftaten missbraucht werden und somit wirtschaftliche Schäden davontragen. Um dieses Ziel zu erreichen kontrolliert die BaFin, dass die von ihr beaufsichtigten Unternehmen und Personen verschiedene gesetzliche Pflichten einhalten. Diese Pflichten, die zur Bekämpfung von Geldwäsche und Terrorismusfinanzierung beitragen sollen,

---

[181] Mehr zum Thema Auslösetatbestände s. Kapitel 2.1.
[182] Vgl. Bezirksregierung Arnsberg (2015), S. 2.
[183] Vgl. § 16 GwG.
[184] Vgl. § 14 Abs. 1 GwG.
[185] Vgl. BaFin (o.J.b).

ergeben sich aus dem GwG, dem KWG, dem Versicherungsaufsichtsgesetz (VAG), dem Zahlungsdienstaufsichtsgesetz (ZAG) sowie dem Kapitalanlagegesetzbuch (KAGB).

Seit 2003 bündelt die BaFin alle Zuständigkeiten, die im Zusammenhang mit der Geldwäschebekämpfung stehen, sektorübergreifend in einer eigenen Abteilung.[186] Des Weiteren werden regelmäßig Rundschreiben veröffentlicht, in denen wichtige Informationen z.b. über neue Sanktionen gegenüber Ländern und einzelne Personen, Sorgfaltspflichten bei den Kunden und neue wesentliche Informationen der FATF aufgeführt sind.[187] Die Verlautbarungen und die Rundschreiben beinhalten Regelungen, Hinweise und Empfehlungen zur Durchführung und Umsetzung der durch das Geldwäschegesetz vorgebebenen Bestimmungen.[188]

So veröffentlichte die BaFin bspw. ein Rundschreiben vom 21.08.2015, in dem die Kontoeröffnung für Flüchtlinge thematisiert wird. Dieses informiert über ergänzende bzw. übergangsweise Regelungen hinsichtlich der zulässigen Legitimationsdokumente gem. § 4 Abs. 4 Nr. 1 GwG (Nachweis der Identität des Vertragspartners anhand eines gültigen Dokuments).[189]

Weitere Einrichtungen, die zur Geldwäschebekämpfung beitragen, sind die FIU und die Landeskriminalämter. Diese geben jährlich Lagebilder zur OK heraus, die im Zusammenhang mit Geldwäsche stehen.[190] Sie sollen einen Überblick über die Anzahl der in den jeweiligen Regionen erstatteten Verdachtsanzeigen geben. Durch die Veröffentlichung von Fallbeispielen der angewandten Geldwäschemethoden und entsprechenden Typologien offerieren die FIU und die Landeskriminalämter so ein Instrument zur Erkennung von Geldwäschehandlungen.[191]

Weitere für die Geldwäschebekämpfung relevante Gesetze sind u.a. das Geldwäscheoptimierungsgesetz (GwOptG), KWG, VAG, ZAG, KAGB und das Aktiengesetz (AktG). Diese sollen im vorliegenden Buch nicht weiter vertieft werden.

Nachdem die Grundlagen zur Geldwäsche, deren Auswirkungen, Techniken und Bekämpfungsmaßnahmen weitgehend erläutert wurden, widmet sich der nächste Teil der Untersuchung dem Thema Compliance, das im Rahmen der Geldwäscheprävention in Unternehmen eine wichtige Rolle spielt.

---

[186] Vgl. BaFin (2015b).
[187] s. BaFin (2016).
[188] Vgl. Achsnich/ Teichmann (2006), § 29, Rn. 48.
[189] s. BaFin (2015c).
[190] Vgl. Bundeskriminalamt (2016b).
[191] Vgl. Bundeskriminalamt (2016a).

3 Compliance

Dem Thema Compliance kommt in der heutigen Unternehmenswelt eine große Bedeutung zu. Rechtlich und ethisch korrektes Verhalten aller Angestellten kann in einem Betrieb einen relevanten Wettbewerbsfaktor darstellen. Jedes Unternehmen profitiert von der Implementierung einer Compliance-Organisation, da so die durch Rechtsverstöße entstandenen strafrechtliche Konsequenzen und Rufbeschädigungen vermieden werden können.[192]

3.1 Definition und wichtige Begriffe

In diesem Absatz werden zunächst einzelne Begrifflichkeiten näher erläutert, bevor die einzelnen Grundelemente eines CMS vorgestellt werden. Die Grundelemente orientieren sich am Prüfungsstandard (PS) „Grundsätze ordnungsgemäßer Prüfungen von Compliance Management Systemen" (PS 980), der vom Institut der Wirtschaftsprüfer (IDW) 2011 veröffentlicht wurde.

Compliance

Der Begriff Compliance stammt aus der angloamerikanischen Rechtssprache und wurde ohne Übersetzung in den deutschen Sprachgebrauch übernommen.[193] In der Übersetzung bedeutet „to comply with" das Einhalten oder Befolgen von bestimmten Regeln.[194]

Compliance wird in der Literatur und in der Praxis häufig unterschiedlich und mit verschiedenen Schwerpunkten definiert. Sehr allgemein versteht man unter Compliance die Einhaltung von Gesetzen, regulatorischen Standards oder auch von freiwilligen Verpflichtungen gegenüber Stakeholdern.[195] Ferner beschreibt der Begriff eine Haftungsvermeidung durch die Einhaltung von unternehmensinternen Richtlinien und Rechtsregeln aller Art.[196] Durch die Befolgung von Recht und Gesetz sollen Haftungsrisiken und sonstige rechtliche und finanzielle Nachteile für Unternehmen und seine Beschäftigten vermieden werden.[197] In der Praxis hat sich gezeigt, dass die traditionellen Definitionen von Compliance, die sich überwiegend auf die Erfüllung von und Übereinstimmung mit Gesetzen und Regularien beschränken, für Unternehmen lückenhaft sind. Die Bedeutung der Beachtung unternehmensinterner Richtlinien, ethischer Grundsätze, Risikomanagementstandards, Verfahrensanweisungen usw. hat zugenommen, da

---

[192] Vgl. Poppe (2010), S. 10.
[193] Vgl. Petsche (2011), S. 1.
[194] Vgl. Oxford (2010), S. 306.
[195] Vgl. Menzies (2006), S. 1.
[196] Vgl. Theisen (2007), S. 87.
[197] Vgl. Knoll/ Kaven (2010), S. 458.

sich gezeigt hat, dass dadurch Risiken minimiert werden können, die mit einem Verlust der öffentlichen Anerkennung oder der Reputation des Unternehmens zusammenhängen.[198]

Compliance Management System

Ein Compliance Management System (CMS) bezeichnet jene Grundsätze und Maßnahmen, die auf den von den gesetzlichen Vertretern festgelegten Zielen basieren und ein regelkonformes Verhalten der Mitarbeiter sowie ggf. von Dritten sicherstellen sollen. Auf diese Weise sollen wesentliche Verstöße verhindert werden. Ein CMS i.S.d. IDW PS 980 kann auf bestimmte Geschäftsbereiche, Unternehmensprozesse (z.B. Einkauf) oder auf bestimmte Rechtsgebiete (z.B. Geldwäschegesetz) Bezug nehmen.

CMS-Grundsätze

CMS-Grundsätze umfassen allgemein anerkannte Rahmenkonzepte, andere angemessene Rahmenkonzepte oder anerkannte Grundsätze für CMS, die vom Unternehmen selbst ausgearbeitet wurden. Zu den allgemein anerkannten Rahmenkonzepten zählen solche, die von einer autorisierten standardsetzenden Institution im Rahmen eines transparenten Verfahrens ausgearbeitet und verabschiedet oder durch rechtliche Anforderungen festgelegt werden.

Konzeption eines CMS

Im Rahmen der CMS-Konzeption soll die *Compliance-Kultur* etabliert, *Compliance-Ziele* festgelegt, *Compliance-Risiken* identifiziert und analysiert, das *Compliance-Programm* entwickelt, die *Compliance-Organisation* aufgebaut, ein *Kommunikationsprozess* ausgearbeitet und Methoden zur *Überwachung und Verbesserung* des CMS vereinbart werden.[199]

Diese sieben Grundelemente eines angemessenen CMS stehen in Wechselwirkung miteinander und werden in die Geschäftsabläufe eingebunden. Die gesetzlichen Vertreter des Unternehmens sind für die konkrete Ausgestaltung des CMS bzw. die konkreten Prozessabläufe verantwortlich und müssen die Wechselwirkungen zwischen den Grundelementen dabei berücksichtigen. Die festgelegten Compliance-Ziele, die Größe, die Art und der Umfang der Geschäftstätigkeit des Unternehmens beeinflussen die Ausgestaltung des CMS.[200]

Angemessenheitsprüfung

Die Angemessenheitsprüfung basiert auf der Konzeption eines CMS. Bei ihr wird die Ausgestaltung und Implementierung der Grundsätze und Maßnahmen des CMS überprüft und anschlie-

---

[198] Vgl. Menzies (2006), S. 350.
[199] Vgl. IDW PS 980 (2011), S. 3.
[200] Vgl. IDW PS 980 (2011), S. 5.

ßend beurteilt, ob diese im Allgemeinen geeignet sind, Risiken für wesentliche Regelverstöße mit hinreichender Sicherheit rechtzeitig zu erkennen und Verstöße zu verhindern.[201]

Wirksamkeitsprüfung

Die Wirksamkeitsprüfung umfasst die Angemessenheitsprüfung und untersucht, ob die implementierten Grundsätze und Maßnahmen bei der allgemeinen Geschäftstätigkeit beachtet werden. Das bedeutet, dass sie den Betroffenen bekannt sind und in den Geschäftsprozessen im Betrachtungszeitraum beachtet wurden.[202]

3.2 Rechtliche Grundlage der Compliance

Grundsätzlich beschreibt der Begriff Compliance die Pflicht zur Einhaltung von Gesetzen und Richtlinien, sowie zusätzlich freiwilliger Kodizes im Unternehmen. Aus juristischer Sicht ist die Bindung an Recht und Gesetz als selbstverständlich anzusehen und benötigt dementsprechend keine weitere Rechtsgrundlage.[203] Generell existiert keine konkret rechtlich für alle Unternehmen geltende kodifizierte Pflicht, ein CMS einzurichten. Einige Regelungen und Vorgaben zu einer Compliance-Organisation finden sich lediglich für Versicherungsunternehmen, Banken- und Wertpapierdienstleistungsunternehmen. Der Deutsche Corporate Governance Kodex (DCGK) spricht eine Empfehlung für den Vorstand aus, für die Einhaltung gesetzlicher Bestimmungen und unternehmensinterner Richtlinien zu sorgen und auf die Beachtung in den Konzernunternehmen hinzuwirken. Eine gesetzliche Pflicht zur Installation einer Compliance-Organisation wird dadurch aber nicht kodifiziert.

Nichtsdestotrotz ist es empfehlenswert ein CMS zu etablieren, da die Nichtbefolgung gesetzlicher Vorgaben zu hohen wirtschaftlichen Schäden für das Unternehmen und einzelne Unternehmensmitglieder führen kann. Im Jahr 2009 stellte der Bundesgesetzhof (BGH) wichtige strafrechtliche Konsequenzen i.S.d. § 13 StGB für Compliance-Verantwortliche eines Unternehmens fest. Der Europäische Gerichtshof (EuGH) entschied im selben Jahr, dass Bußgelder zusätzlich zu dem Unternehmen, das den Verstoß begeht, ebenfalls der Konzernmutter als Gesamtschuldnerin verhängt werden können, sofern diese Unternehmen eine wirtschaftliche Einheit bilden.[204] Spätestens nach der Veröffentlichung des „Neubürger – Urteil" vom 10. Dezember 2013[205] sollte sich jedes Unternehmen ernsthaft mit der Einrichtung eines funktionsfähigen CMS befassen. Damals verurteilte ein deutsches Gericht erstmalig einen Geschäftsleiter

---

[201] Vgl. Laue (2014), S. 141.
[202] Vgl. Laue/ Kunz (2014), S. 5.
[203] Vgl. Rieder/ Falge (2010), S. 15.
[204] Vgl. Laue/ Kunz (2014), S. 1.
[205] Vgl. LG München I (2013).

eines deutschen Unternehmens wegen eines unzureichenden CMS auf Schadensersatz in Millionenhöhe.[206]

Da es keine konkreten gesetzlichen Vorgaben bezüglich einer richtigen Ausgestaltung eines CMS gibt, ist es für die gesetzlichen Vertreter in der Praxis schwierig, organisatorische angemessene und wirksame Maßnahmen zu treffen. Bei der Entwicklung eines wirksamen CMS für den Bereich Geldwäscheprävention können Unternehmen auf die Grundsätze des IDW PS 980 zurückgreifen.

3.3   Elemente eines wirksamen Compliance-Management-Systems

Ein angemessenes CMS i.S.d. IDW PS 980 besteht aus sieben Grundelementen, die in die Geschäftsprozesse integriert werden. Die Einbindung in die Geschäftsabläufe erfolgt durch die gesetzlichen Vertreter des Betriebs. Dabei spielen die Größe des Unternehmens sowie Art und Umfang der Geschäftstätigkeit und die festgesetzten Compliance-Ziele eine Rolle.[207]

3.3.1   Compliance-Kultur

Als das erste von sieben Grundelementen definiert der IDW PS 980 die Compliance-Kultur. Diese stellt die Grundlage für die Angemessenheit und Wirksamkeit des CMS dar. Besonders die Grundeinstellungen und Verhaltensweisen der Geschäftsleitung sowie die Rolle des Aufsichtsorgans („Tone from the Top" – „Botschaft von oben") haben Einfluss auf diese. Die Compliance-Kultur bedingt die Bedeutung, welche Arbeitskräfte der Beachtung von Regeln beimessen und damit die Bereitschaft zu regelkonformen Benehmen.[208]

Die Compliance-Kultur gilt als integraler Bestandteil der grundlegenden Unternehmenskultur und umfasst Maßnahmen, die eine wichtige Rolle bei der Einhaltung von bestimmten Regeln im Unternehmen spielen. Um eine nachhaltige und effektive Compliance-Kultur zu schaffen, müssen alle Beschäftigten des Unternehmens für dieses Thema sensibilisiert werden. Sobald alle Führungskräfte und Mitarbeiter die Einhaltung rechtlicher und ethischer Standards in ihren Verhaltensweisen verinnerlicht und ihre Bedeutung für nachhaltiges Vorgehen verstanden haben, spricht man von einer guten Compliance-Kultur. Auf diese Weise wird die Nachhaltigkeit des ökonomischen Handelns gefestigt, was einen wesentlichen Erfolgsfaktor darstellt.[209]

---

[206] Vgl. Manz/ Mayer (2014).
[207] Vgl. IDW PS 980 (2011), S. 5.
[208] Vgl. IDW PS 980 (2011), S. 6.
[209] Vgl. Wegmann (2014), S. 11.

3.3.2 Compliance-Ziele

Als zweites Grundelement eines CMS werden die Compliance-Ziele genannt. Basierend und aufbauend auf den allgemeinen Unternehmenszielen und -bedürfnissen definieren die gesetzlichen Vertreter Ziele, die mit einem CMS erreicht werden sollen. Zunächst werden das Unternehmensumfeld und die Geschäftsstrategie analysiert. Gleichzeitig wird die Gewichtung der für das Unternehmen bedeutsamen Regeln festgelegt, um die relevanten Teilbereiche zu identifizieren und die in den Teilbereichen zu beachtenden Regeln abzugrenzen. Die Compliance-Ziele bilden die Grundlage für die Risikobeurteilung aller Handlungen und Prozesse in einem Unternehmen.[210]

3.3.3 Compliance-Risiken

Auf der Grundlage der Compliance-Ziele werden Compliance-Risiken identifiziert, die Verstöße gegen festgelegte Regeln und damit eine Verfehlung der Compliance-Ziele zur Folge haben können. Um Maßnahmen zu einer angemessenen Behandlung zu treffen, werden Verfahren zur systematischen Risikoerkennung und -berichterstattung eingeführt. In diesem Prozess werden die identifizierten Risiken im Hinblick auf die Eintrittswahrscheinlichkeit und mögliche Konsequenzen untersucht.[211] Zu den allgemeinen Faktoren, die für die Risikoanalyse relevant sein können, zählen u.a.

- ➢ Änderungen im wirtschaftlichen und rechtlichen Umfeld
- ➢ Personalveränderungen
- ➢ überdurchschnittliches Unternehmenswachstum
- ➢ neue Technologien
- ➢ neue oder atypische Geschäftsfelder oder Produkte
- ➢ Umstrukturierungen
- ➢ Ort(e) der Geschäftstätigkeit
- ➢ Expansion in neue Märkte

Die Auseinandersetzung mit Compliance-Risiken stellt einen Regelprozess dar, der zu kontinuierlichen Weiterentwicklung und Verbesserung eines CMS beiträgt.[212]

3.3.4 Compliance-Programm

Das Compliance-Programm stellt ein wesentliches Grundelement eines funktionierenden CMS dar. Es umfasst die Grundsätze und Maßnahmen, die auf die Begrenzung der Compliance-Risiken abzielen und damit Regelverstöße verhindern sollen. Im Compliance-Programm werden klare Regelungen zur Zulässigkeit und Unzulässigkeit bestimmter Aktivitäten festgelegt.

---

[210] Vgl. IDW PS 980 (2011), S. 6.
[211] Vgl. Gnändiger/ Kronseder/ Dürfahrt (2014), S. 44.
[212] Vgl. IDW PS 980 (2011), S. 22.

Hierzu zählen Maßnahmen, die regelkonformes Verhalten von Mitarbeitern und Dritten sicherstellen sollen.[213]

Ziel eines Compliance-Programms sollte zunächst die Verhinderung von Compliance-Verstößen sein (Prevention). Für den Fall, dass die Präventionsmaßnahmen nicht ausreichen, sollten Regelverstöße so schnell wie möglich erkannt werden (Detection). Sobald diese erkannt sind, muss auf diese Verfehlungen umgehend, effektiv und konsequent reagiert werden (Response).[214]

Das Risiko von Regelverstößen kann durch ein Compliance-Programm nicht vollständig ausgeschlossen werden. Allerdings kann durch getroffene Maßnahmen und Grundsätze eine vorbeugende und damit haftungsreduzierende Wirkung erzielt werden.[215]

3.3.5 Compliance-Organisation

Zu einem Compliance-Programm gehört ebenfalls die Organisation von Compliance im Unternehmen. Um sicherzustellen, dass die identifizierten Compliance-Risiken des Unternehmens begrenzt und Rechtsverstöße vermieden werden, sollten verschiedene Organisationsmaßnahmen ergriffen werden.[216] Die Gestaltung einer Compliance-Organisation erfolgt individuell und unternehmensspezifisch. Faktoren wie die festgelegten Compliance-Ziele, Unternehmensgröße und -komplexität, Branche, Risikostruktur sowie die internationale Positionierung, erfordern eine Institutionalisierung bzw. Systematisierung des Compliance-Managements und einen entsprechenden Aufbau einer Organisation, an deren Spitze ein Compliance Verantwortlicher (Chief Compliance Officer – CCO) für das gesamte Unternehmen steht.[217] Der Begriff Compliance-Organisation beschreibt die einzelnen organisatorischen Maßnahmen, die eine effiziente und praktikable Struktur des CMS gewährleisten sollen. Dazu ist eine Definition von Rollen und Verantwortlichkeiten sowie die Aufbau- und Ablauforganisation im CMS als integralen Bestandteil der Unternehmensorganisation vorzunehmen.[218]

3.3.6 Compliance-Kommunikation

Die Compliance-Kommunikation ist ein weiterer wesentlicher Bestandteil des CMS und trägt zur erfolgreichen Implementierung bei. Das Verständnis und die sachgerechte Erfüllung der Aufgaben im CMS erfordern eine klare Kommunikation an die jeweils betroffenen Personen

---

[213] Vgl. IDW PS 980 (2011), S. 23.
[214] Vgl. Pütz (2011), S. 20.
[215] Vgl. Beyer u.a. (2014), S. 62.
[216] Vgl. Rieder/ Falge (2010), S. 25.
[217] Vgl. Krieger (2014), S. 89.
[218] Vgl. IDW PS 980 (2011), S. 6.

(innerhalb und ggf. außerhalb der Organisation) über das Compliance-Programm sowie die definierten Rollen und Verantwortlichkeiten.[219]

Ziel der Kommunikation ist es, die Mitarbeiter in einem kontinuierlichen und kohärenten Prozess über die in den Unternehmensgrundsätzen definierten Werte und Handlungsanweisungen sowie die bestehenden Risiken und Ziele zu informieren, um somit ein Compliance-konformes Verhalten sicherzustellen. Das Kommunikationskonzept zielt darauf ab, eine von Compliance geprägte Unternehmenskultur zu schaffen und zu erhalten, durch die die Mitarbeiter die Notwendigkeit von Compliance erkennen und von ihrem Nutzen für sich selbst und für das Unternehmen überzeugt sind.[220]

3.3.7 Compliance-Überwachung und Verbesserung

Das siebte Grundelement eines CMS thematisiert die laufende Überwachung und Verbesserung. In der Praxis erfolgen die Überwachung und Umsetzung von identifiziertem Handlungsbedarf zur Verbesserung durch prozessunabhängige Stellen, wie bspw. die Interne Revision. Ziel ist es sicherzustellen, dass das System unter Beachtung der angewandten CMS-Grundsätze angemessen ausgestaltet und wirksam ist.[221] Eine fortlaufende Überwachung des CMS ist nur dann möglich, wenn eine ausreichende Dokumentation des CMS vorhanden ist. Sofern während der Überwachungstätigkeiten eventuelle Schwächen im CMS oder Regelverstöße erkannt werden, müssen diese dem Management bzw. der zuständigen Abteilung im Unternehmen mitgeteilt werden. Die Geschäftsleitung muss auf die Hinweise angemessen reagieren und ist neben der Durchsetzung des CMS auch für die Beseitigung der Mängel und die Verbesserung des Systems verantwortlich.[222]

Abbildung 6 fasst die oben beschriebenen Grundelemente mit ihren wesentlichen Eigenschaften übersichtlich zusammen.

---

[219] Vgl. IDW PS 980 (2011), S. 7.
[220] Vgl. Kohler (2014), S. 100.
[221] Vgl. IDW PS 980 (2011), S 24.
[222] Vgl. IDW PS 980 (2011), S. 7.

Abbildung 6: Grundelemente eines CMS nach IDW PS 980
Quelle: Ernst & Young GmbH (2014) und IDW PS 980 (2011), S. 21 ff.

4 Integration des Teilbereichs Geldwäscheprävention in ein CMS nach IDW PS 980

Im folgenden Kapitel wird die Integration des Teilbereichs Geldwäscheprävention in ein CMS nach IDW PS 980 praxisnah beschrieben.

4.1 Eine wirksame Compliance-Kultur

Als zuerst genanntes Grundelement wird der Compliance-Kultur eine vorrangige Bedeutung im Gesamtsystem zugewiesen. Sie wird häufig von den anderen Elementen abgegrenzt, da sie beinhaltet, welcher Tenor innerhalb eines Unternehmens gesetzt wird, was letztendlich die Akzeptanz von Compliance-Maßnahmen bestimmt. Besonders schwierig ist es, eine Compliance-Norm zu schaffen, die Richtlinien festlegt, die von allen Mitarbeitern und externen Dritten verstanden, akzeptiert und gelebt werden.[223]

Die Wirksamkeit eines CMS ist direkt abhängig von der Akzeptanz aller Mitarbeiter, die diese Compliance-Kultur in ihre Arbeits- und Alltagsabläufe übernehmen müssen. Um das Verständnis und die Akzeptanz sicherzustellen, definiert der Prüfungsstandard verschiedene Subelemente bzw. Merkmale, die die Compliance-Kultur beeinflussen. Im Folgenden werden einige der Subelemente anhand ihrer möglichen Ausprägung innerhalb einer Organisation unter Berücksichtigung verschiedener Risiken näher beschrieben.

Die Unternehmensleitung und das Management fungieren als Vorbilder. Sie prägen im Wesentlichen die Compliance-Kultur. Der Tone from the Top und das **Top Management Commitment** haben einen entscheidenden Einfluss auf die Wahrnehmung der Mitarbeiter einer Organisation im Hinblick auf das Thema Compliance. Sie beinhalten das öffentliche Bekenntnis der Geschäftsführung, dass bestimmte Grundsätze einzuhalten sind. Eine Akzeptanz der Mitglieder ist kaum zu erwarten, wenn sich die Geschäftsleitung selbst nicht an aufgestellte Regeln hält und Regelverstöße nicht konsequent sanktioniert werden (unabhängig der Hierarchieebene).[224]

Ziel des Top Management Commitment ist, dass die Unternehmensleitung sich für Richtlinien normkonformen Verhaltens engagiert, diese im Unternehmen umsetzt und nach ihnen lebt. Dieses Verhalten muss offen an die Mitarbeiter und externe Dritte kommuniziert werden. Es ist sinnvoll eindeutig festzulegen, wer dafür zuständig ist das Leitbild zu kommunizieren und bei bestimmten Anlässen zu präsentieren, bspw. ein Vorstandsmitglied oder der Geschäftsführer. Auf diese Weise kann sichergestellt werden, dass die Bedeutung von Compliance wahrge-

---

[223] Vgl. Steßl (2014), S. 21.
[224] Vgl. Wegmann (2014), S. 11 f.

nommen und normkonformes Verhalten umgesetzt wird. So muss es für die Mitarbeiter erkennbar sein, dass die Unternehmensleitung die Bekämpfung der Geldwäsche und Terrorismusfinanzierung im Unternehmen aktiv unterstützt und ermöglicht.

Um das Ziel zu erreichen und den Risiken entgegenzuwirken, sollte ein Konzept entwickelt werden, das die Verfahrensweise und Methodik zur Kommunikation der von Führungskräften gelebten Werte beinhaltet.

Im ersten Schritt müssen die Inhalte der zu vermittelnden Botschaften festgelegt werden. Die Vorstandsmitglieder oder die Geschäftsführer können sich bspw. zu bestimmten Gesetzen und Regeln (bspw. das GwG und die Vierte EU-Geldwäscherichtlinie) bekennen. Dabei muss die klare Ansage an die Mitarbeiter erfolgen, dass diese das gezeigte Verhalten zum Vorbild nehmen sollten und dementsprechend nur Geschäfte mit sauberen Geld abzuschließen sind.

Verschiedene Kommunikationsmedien müssen gezielt und unternehmensspezifisch eingesetzt werden. Informationen können über Internet, Intranet, E-Mail-Verteiler, Telefonkonferenzen, Newsletter, Schwarzes Brett oder bei bestimmten Veranstaltungen durch Reden und Präsentationen sowie in persönlichen Gesprächen verbreitet werden. Dabei sind die unterschiedlichen Zielgruppen zu berücksichtigen, da z.B. die Verbreitung der Botschaft an externe Geschäftspartner anders abläuft als an interne Mitarbeiter.

Insbesondere muss das Top Management entsprechend geschult und motiviert werden, um ein erfolgreiches nachhaltiges CMS umsetzen zu können. Durch die Teilnahme an gezielten Schulungen zu Compliance-relevanten Sachverhalten und Risikogebieten (z.B. im Bereich der Geldwäsche) sowie die Aufnahme bestimmter Compliance-Ziele in die jährliche Zielvereinbarung kann das Commitment der Führungskräfte gestärkt werden.

Je nach Größe und Komplexität des Konzerns bietet es sich an, ein Compliance Committee aufzubauen, das aus verschiedenen Bereichen der Organisation gebildet wird (z.B. Rechts-, Revisions-, Finanz- oder Personalabteilung).[225]

Ein weiteres Subelement, das der Prüfungsstandard definiert, ist die Schaffung von **Anreizsystemen**, die ein regelkonformes Verhalten fördern sollen.[226] Neben verschiedenen Motivationsmaßnahmen beeinflusst auch eine konsequente und angemessene Sanktionierung bei Regelverstößen stark das Verhalten der Beschäftigten.[227] Ziel dieses Subelements ist die

---

[225] Vgl. Steßl (2014), S. 16 f.
[226] Vgl. IDW PS 980 (2011), S. 21.
[227] Vgl. Wegmann (2014), S. 12.

Verdeutlichung, dass Non-Compliance auf allen Hierarchieebenen bestraft wird.[228] Wenn die Mitarbeiter wahrnehmen, dass unangemessene Handlungen entsprechend sanktioniert werden, kann regelkonformes Verhalten und Compliance gefördert werden.

Wichtig ist hierbei, dass die Mitarbeiter nicht verunsichert werden und keine Angstkultur durch zu strenge oder unfair erscheinende Sanktionsregelungen geschaffen werden soll, da dies negative Auswirkungen auf den Geschäftsbetrieb haben könnte.[229] Ein weiteres Risiko besteht darin, die Bestrafungsmaßnahmen nicht klar genug zu definieren. Vermieden werden sollte auch, dass bestehende Grundsätze vorliegen, diese aber nicht konsequent kommuniziert und umgesetzt werden. Um den Risiken entgegenzuwirken, können verschiedene Maßnahmen getroffen werden. Die Geschäftsführung sollte eindeutig kommunizieren, was als Regel- und Gesetzesverstoß innerhalb des Unternehmens gilt und welche Disziplinarmaßnahmen vorgesehen sind. Die Kommunikation dieser „Sanktionsrichtlinie" kann bereits während des Einstellungsprozess erfolgen, aber auch im Rahmen der internen Kommunikation. Die Mitarbeiter müssen darüber informiert werden, nach welchen Kriterien Sanktionen ausgewählt und bei welcher Art von Verstößen sie angewandt werden.[230]

Der **Führungsstil und die allgemeine Personalpolitik** des Unternehmens sind weitere Merkmale, die im Rahmen der Compliance-Kultur genannt werden.[231] Die Arbeitsatmosphäre, die Beziehung zum Arbeitgeber und die im Betrieb eingehaltenen Standards beeinflussen die Entscheidung eines Arbeitnehmers, sein Verhalten an die Compliance-Vorgaben anzupassen. Eine gute Personalpolitik kann erreicht werden, wenn die Einstellungs- und Beförderungsprozesse transparent und fair ablaufen und seitens der Personalabteilung eine gute Kommunikations- und Informationsstrategie verfolgt wird. Ziel sollte sein, insbesondere bei Compliance-relevanten Funktionen, besonders vertrauenswürdige Mitarbeiter bei der Einstellung und Beförderung zu berücksichtigen. Durch eine gute Personalpolitik werden Unzufriedenheit und Frustration der Mitarbeiter vermieden. Das Risiko, dass diese versuchen, ihre Ziele durch illegales Verhalten zu erreichen, wird minimiert.[232] Ferner kann bereits im Einstellungsprozess verhindert werden, dass nicht integre Mitarbeiter eingestellt werden.

Um die Integrität im Unternehmen sicherzustellen, können Vorgesetzte bspw. Nachforschungen über Arbeitnehmer anstellen. Während in einigen Ländern professionelle Compliance-

---

[228] Vgl. Steßl (2014), S. 20.
[229] Vgl. Wegmann (2014), S. 12.
[230] Vgl. Steßl (2014), S. 20.
[231] Vgl. IDW PS 980, 2011 S. 21.
[232] Vgl. Wegmann (2014), S. 12 f.

Checks in Auftrag gegeben werden, entscheiden Arbeitgeber in Deutschland häufig aufgrund des Erfahrungs- und Gefühlswertes oder beschaffen sich Informationen bei ehemaligen Vorgesetzen.

Eine weitere Maßnahme ist die Job-Rotation. Angestellte, die Compliance-relevante Funktionen ausführen, sollten in der Regel höchstens drei bis fünf Jahre in dieser Position bleiben, um den Aufbau von illegalen Netzwerken und die Fortführung illegaler Tätigkeiten zu verhindern.[233]

4.2   Ziele eines Compliance-Management-Systems

Compliance-Ziele spielen eine entscheidende Rolle bei der erfolgreichen Weiterentwicklung einer Organisation durch die Umsetzung und Akzeptanz von Compliance-Maßnahmen. Um einen möglichst effektiven Nutzen für das Unternehmen zu erreichen, sollten die Compliance-Ziele konzernweit gültig sein und kulturelle und länderspezifische Angelegenheiten berücksichtigen. Durch die Festlegung von Compliance-Zielen soll ein Maßstab gebildet werden, an dem sich das unternehmerische Handeln messen lässt und der gleichzeitig mit den ethischen Grundsätzen des Unternehmens harmonisiert.[234] Die Einhaltung gesetzlicher Normen und Richtlinien einer Organisation und die dadurch verhinderten Sanktionen und Haftungsrisiken sind Ziele eines CMS. Die Erreichung eines positiven Images durch die transparente Gestaltung von Prozessen ist ein weiteres Ziel, das von Unternehmen verfolgt wird. Um die Ziele zu erreichen, müssen alle relevanten Risiken identifiziert werden. Darauf beruhend muss ein Compliance-Programm entwickelt und dieses anschließend in einer Compliance-Organisation umgesetzt werden.[235] Bei der Ausarbeitung kann es zwischen Compliance-Zielen und Unternehmenszielen zu Konflikten kommen. Die einzuhaltenden rechtlichen und ethischen Grundsätze stehen teilweise dem unternehmerischen Handeln gegenüber. Die Compliance-Ziele sollten so ausgearbeitet werden, dass sie deckungsgleich mit den Unternehmenszielen sind und somit einen hohen Nutzen für das Unternehmen aufweisen.[236]

Um die Kernziele und deren dazugehörige Prüfungshandlung festzulegen, muss zunächst der Teilbereich bestimmt werden, der in das CMS aufgenommen werden soll. Hierbei kommt es auf die Unternehmensstruktur, die Standorte in den verschiedenen Ländern des Unternehmens, auf die Produktpalette und insbesondere auf die maßgeblichen Risikoaspekte, die das Unternehmen betreffen, an. Folglich ist die Festlegung der Teilbereiche ein individueller un-

---

[233] Vgl. Steßl (2014), S. 19.
[234] Vgl. Camman/ Hartke (2014), S. 27.
[235] Vgl. Pütz (2011), S. 17.
[236] Vgl. Cammann/ Hartke (2014), S. 27 f.

ternehmensbezogener Prozess, dessen Risikoszenarien entsprechend erörtert werden müssen.[237] Zu den Teilbereichen zählt neben Rechtsgebieten wie Kartellrecht, Datenschutz, Korruptionsprävention auch die Geldwäscheprävention.[238]

Wird bspw. der Teilbereich Geldwäscheprävention näher betrachtet, zählen neben der Einhaltung allgemeiner gesetzlicher Vorgaben auch die Einhaltung aller relevanten geldwächerechtlichen Vorgaben zu den Compliance-Zielen des Unternehmens.

Der IDW PS 980 definiert einige Anforderungen, die bei der Festlegung der Compliance-Ziele beachtet werden sollten.[239] Dabei gibt es keinen pauschalen Ansatz, da jedes Unternehmen eine individuelle Struktur hat und ein CMS spezifisch auf dessen Bedürfnisse angepasst werden muss. Die im Folgenden genannten Maßnahmen können ein Unternehmen dabei unterstützen, Compliance-Risiken zu überwachen, frühzeitig zu identifizieren und ein effektives CMS aufzubauen.

Konsistenz der unterschiedlichen Ziele: Bei der Ausarbeitung muss darauf geachtet werden, dass keine Diskrepanz zwischen den Unternehmenszielen und den Compliance-Zielen entsteht. Dies kann durch einen Überprüfungsprozess seitens der Compliance-Abteilung verhindert werden. Hierbei sollten die Risiken identifiziert und bei der Planung berücksichtigt werden. Um eine Konsistenz der Ziele zu erreichen, sollten die Compliance-Zielvorstellungen bereits bei der Budgetplanung mit einbezogen werden. Das bedeutet, dass sich die Mitarbeiter nicht wegen zu hohen Drucks durch die Geschäftsleitung zu regelwidrigem Verhalten verleiten lassen.

Verständlichkeit und Praktikabilität der Ziele: Die Ziele sollten so definiert werden, dass sie für Stakeholder nachvollziehbar und transparent und für Mitarbeiter praxisrelevant sind. Durch eine konkrete Zieldefinition kann den Mitarbeitern und weiteren Interessensgruppen vermittelt werden, wie Compliance-Ziele im Unternehmen entschieden, gelebt und erreicht werden sollen. So kann bspw. die Vermeidung von Haftungsrisiken durch die Verhinderung von Geldwäsche im Unternehmen ein erklärtes Ziel sein, das durch die Einhaltung aller vom Geldwäschegesetz vorgeschriebenen Sorgfaltspflichten erreicht werden kann.

Messbarkeit des Grades der Zielerreichung: Compliance-Ziele sollen im Unternehmen messbar und ihre Umsetzung nachvollziehbar gemacht werden. Voraussetzung dafür ist, dass sie verständlich und praktikabel sind.

---

[237] Vgl. Cammann/ Hartke (2014), S. 34 f.
[238] Vgl. IDW PS 980 (2011), S. 17 f.
[239] Vgl. IDW PS 980 (2011), S. 22.

Abstimmung mit den verfügbaren Ressourcen: Die Compliance-Abteilung übernimmt in der Regel die Abstimmung der verfügbaren Ressourcen und stellt sicher, dass es ausreichend geeignete Mitarbeiter gibt, die die Planung und Ausführung der einzelnen Compliance-Themen übernehmen.[240] Im Rahmen der Planung können bspw. interne Experten auf dem Gebiet der Geldwäscheprävention bestimmt werden. Eine weitere Möglichkeit ist das Hinzuziehen von externen Beratern oder die Bestellung eines Geldwäschebeauftragten.

4.3 Compliance Risk Assessment

Die Einhaltung unterschiedlicher rechtlicher, ethischer und moralischer Vorschriften hat für jedes Unternehmen eine hohe Bedeutung. In einem CMS müssen diese Unterschiede beachtet werden und die konkreten Compliance-relevanten Risikofelder des Unternehmens mithilfe eines Risk Assessments ermittelt werden. Zu berücksichtigen sind bei einer solchen Risikoanalyse u.a. die Geschäftsfelder, Absatzmärkte sowie die Organisationsstruktur des jeweiligen Unternehmens.[241]

Im folgenden Abschnitt soll anhand von fünf Schritten praxisorientiert erklärt werden, wie ein Compliance Risk Assessment als Basis für die weitere Ausgestaltung eines CMS aufgebaut sein könnte.

Im ersten Schritt müssen die relevanten Teilbereiche und die Ziele des CMS festgelegt werden. Da es kaum möglich ist, alle Rechtsgebiete dem CMS zu unterziehen, müssen die gesetzlichen Vertreter diejenigen bestimmen, die risikoorientiert betrachtet relevant für das Unternehmen sind. Die Entscheidungsfindung liegt hierbei im Ermessen der gesetzlichen Vertreter und sollte für Dritte nachvollziehbar dokumentiert sein.[242] Bei der Ermittlung der Schwerpunkte ist auch darauf zu achten, ob bestimmte Bereiche und Themen schon in anderen (Fach-) Abteilungen wie bspw. Controlling oder Revision bearbeitet werden.[243]

Im zweiten Schritt geht es darum, die mit dem festgelegten Teilbereich zusammenhängenden Risiken zu verstehen.[244] Im Rahmen der Risikoidentifikation oder auch Risikoinventur werden die Gefahren für ein Unternehmen und seine Mitarbeiter in einen Zustand der Non-

---

[240] Vgl. Cammann/ Hartke (2014), S. 35 f.
[241] Vgl. Pütz (2011), S. 17 f.
[242] Vgl. Gnändiger/ Kronseder/ Dürfahrt (2014), S. 57.
[243] Vgl. Pütz (2011), S. 9.
[244] Vgl. Gnändiger/ Kronseder/ Dürfahrt (2014), S. 58.

Compliance zu geraten, vollständig erfasst und dokumentiert. Neben gegenwärtigen Risiken müssen zukünftige Risiken ebenfalls berücksichtigt werden.[245]

Sehr allgemein definiert bestehen Compliance-Risiken darin, dass das Management und die Beschäftigten eines Unternehmens gegen geltende Gesetze, Richtlinien, Normen, Verträge und Selbstverpflichtungen verstoßen oder ihre Handlungsweisen im Rahmen der allgemein herrschenden Wertvorstellungen als unmoralisch angesehen werden. Diese Risiken können Geldstrafen, Schadensersatzansprüche, Aufklärungskosten, schlechtere Bewertungen am Kapitalmarkt, Reputationsschäden oder auch Kundenverluste zur Folge haben.[246]

Werden die vom Geldwäschegesetz genannten Regelungen nicht angemessen umgesetzt, drohen Sanktionen und rechtliche Verfahren gegen das Unternehmen und gegen die handelnde natürliche Person. Um dem Risiko entgegenzuwirken, müssen sich Unternehmen über die rechtlichen Anforderungen informieren, die sich aus der Geschäftstätigkeit in Kombination mit den Anforderungen des GwG ergeben. Dabei sind zusätzlich die Regelungen des StGB zu berücksichtigen.[247]

Um dem finanziellen Risiko von Bußgeldern oder Schadensersatzanforderungen zu entgehen, müssen Verpflichtete die Sorgfaltspflichten vollständig erfüllen und angemessene Sicherungsmaßnahmen schaffen, um präventiv gegen Geldwäsche vorzugehen.[248] Die Bußgeldvorschriften sind in § 17 GwG geregelt.[249]

Das Reputationsrisiko ist eng verbunden mit den anderen Risiken. Verstößt ein Unternehmen gegen gesetzliche Anforderungen und wird dies öffentlich bekannt, kann das Ansehen des Unternehmens und das Vertrauen der Kunden darunter leiden.[250]

Eine operationelle Gefahr für Güterhändler besteht etwa durch Handlungsunsicherheit wegen zu erwartender behördlicher Kontrollen.[251]

Abbildung 7 fasst nochmal die wesentlichen Geldwäscherisiken, mit denen Unternehmen sich auseinandersetzen müssen, zusammen.

---

[245] Vgl. Knoll/ Kaven (2010), S. 464.
[246] Vgl. Knoll/ Kaven (2010), S. 460.
[247] Vgl. Bausch/ Voller (2014), S. 59 f.
[248] Vgl. Bausch/ Voller (2014), S. 78.
[249] Vgl. § 17 GwG.
[250] Vgl. Bausch/ Voller (2014), S. 88.
[251] Vgl. Deloitte & Touche GmbH Wirtschaftsprüfungsgesellschaft (2016), S. 4.

Abbildung 7: Übersicht der Risiken aus Geldwäschedelikten
Quelle: in Anlehnung an Severn Consultancy GmbH (2009) und Gnändiger/ Kronseder/ Dürfahrt (2014), S. 55.

Da die Untersuchung von allgemeinen Risiken nicht ausreicht, um konkrete Maßnahmen abzuleiten, werden in einem weiteren Schritt konkrete Risikoszenarien determiniert und diese matrizenartig mit den allgemeinen Risiken verknüpft. Mit dieser Verfahrensweise können im Nachhinein noch Änderungen und Verbesserungen am CMS vorgenommen werden, ohne dass es unüberschaubar wird.[252] Das BKA veröffentlichte im August 2014 eine aktualisierte Version der Anhaltspunktepapiere "Geldwäsche" und "Terrorismusfinanzierung."[253] Die Anhaltspunktepapiere adressieren nicht nur Kreditinstitute, Versicherungen, Finanzdienstleistungsinstitute und Finanzunternehmen, sondern sind an alle Meldepflichtigen gerichtet. In den von der FATF regelmäßig publizierten Typologiepapieren finden sich weitere Anhaltspunkte und illustrierende Fallkonstellationen zu Geldwäsche und Terrorismusfinanzierung. Im Folgenden werden in einer nicht abschließenden Liste einige Anhaltspunkte aufgeführt, die auf eine Geldwäschehandlung im Nichtfinanzsektor hindeuten können.

Kundenverhalten

➢ Der Kunde verlangt Anonymität oder versucht, seine wahre Identität zu verschleiern
➢ Der Kunde stammt aus einem Staat ohne gleichwertige Standards in Bezug auf Geldwäscheprävention oder hält sich bekanntermaßen regelmäßig dort auf

---

[252] Vgl. Gnändiger/ Kronseder/ Dürfahrt (2014), S. 58.
[253] s. Bundeskriminalamt (2014a).

➢ Der Kunde versucht, den persönlichen Kontakt zum Verpflichteten ohne erkennbaren Grund zu vermeiden

➢ Der Kunde wechselt innerhalb kurzer Zeitabstände regelmäßig den Verpflichteten, ohne dass es eine für den Verpflichteten nachvollziehbare Erklärung für dieses Verhalten gibt

➢ Der Kunde ist am Kauf oder an der Gründung von Firmen in Ländern interessiert, in denen wirtschaftliche Berechtigte anonym bleiben können

Anhaltspunkte aus dem Geschäft selbst

➢ Es werden große Bestellungen aus dem Ausland von teuren Produkten oder Dienstleistungen getätigt; kurze Zeit später werden die vorab gebuchten Waren oder Dienstleistungen storniert und die Anzahlung abzüglich der Stornogebühr soll auf ein anderes Konto überwiesen werden

➢ Transaktionswege, die ohne erkennbaren Grund von den Abwicklungswegen des Grundgeschäftes abweichen (z.B. Güterhandel zwischen A und B, Überweisung von A an C statt an B)

➢ Der Kunde ist an einer für ihn ungewöhnlichen Transaktion beteiligt, die keinen Bezug zu seiner beruflichen, geschäftlichen oder sonstigen Tätigkeit hat, ohne dass er dem Verpflichteten dafür eine akzeptable Erklärung geben kann

➢ In Rechnung gestellte Beträge, die in keinem Verhältnis zu den sonstigen finanziellen Möglichkeiten des Unternehmens stehen, werden unverzüglich gezahlt

➢ Das Unternehmen verfügt über keine oder zu wenige Mitarbeiter, was für die Art des Betriebs unverhältnismäßig ist

➢ Auffälliger Geschäftsverkehr mit Geschäftspartnern in Länder, die nicht dem EU-Recht entsprechenden Offenlegungspflichten bzw. gleichwertigen internationalen Standards unterliegen, z.B. Provisionszahlungen, Warenankauf von oder Warenverkauf an ausländische Domizilgesellschaften

➢ Ankauf von wertlosen oder stark fehlerhaften Gütern zum üblichen Marktpreis

➢ Vertragspartner bezahlt hohe Summen in bar

➢ Überweisungen erfolgen aus Staaten, die nicht dem EU-Recht entsprechenden Offenlegungspflichten bzw. gleichwertigen internationalen Standards in Bezug auf Geldwäscheprävention unterliegen

➢ Nutzung von E-Geld oder anonymen Zahlungsverfahren, die wirtschaftlich nicht nachvollziehbar sind

➢ Käufer zeigt kein besonderes Interesse an den Eigenschaften der Immobilie (z.B. Qualität der Konstruktion, Ort, Datum, an dem die Immobilie übergeben wird) oder kauft ohne Besichtigung

➢ Immobilienkäufe von Personen, die keine sonstigen Bezüge nach Deutschland haben

Die Aufzählung der Geldwäscherisikoszenarien ist nicht vollständig und muss von jeder Organisation unter Beachtung der jeweiligen politischen und wirtschaftlichen Begebenheiten individuell festgelegt werden. Eine vollständige Liste relevanter Indikatoren ist nicht realisierbar und würde auch kaum der sich permanent verändernden Wirklichkeit gerecht werden.[254] Aus den oben genannten Indikatoren lassen sich jedoch Risikoszenarien ableiten, die anschließend u.a. zu Schulungszwecken verwendet werden können.

In einem vierten Schritt müssen die gesetzlichen Vertreter nach eigenem Ermessen die Reichweite und das Aggregationsniveau festlegen. Nachdem die allgemeinen Risiken und Risikoszenarien bestimmt wurden, muss erörtert werden, ob diese für den gesamten Konzern einheitlich zu betrachten sind oder ob eine selektive Betrachtung nach bestimmten Regionen erforderlich ist. Für gewöhnlich werden die Risiken in Abhängigkeit bestimmter regionaler Eigenschaften unterschiedlich bewertet. Hierbei können in einigen Fällen Länder zu Regionen zusammengefasst werden, auf einzelnen Kontinenten müssen die Länder jedoch einzeln bewertet werden.[255]

Unter Berücksichtigung weiterer individueller Faktoren kann prinzipiell davon ausgegangen werden, dass ein relativ geringes Risiko besteht, wenn es sich um einen Mitgliedsstaat der EU, des Europäischen Wirtschaftsraums (EWR) oder um ein gleichwertiges Drittland[256] handelt. Ein hohes Risiko besteht, wenn sich das Land bspw. auf der NCCT (non-cooperative countries and territories) Liste der FATF[257] oder auf Sanktionslisten der EU[258] befindet. Einen weiteren Anhaltspunkt kann der Corruption Perceptions Index (CPI) von Transparency International[259] liefern. Weist dieser einen niedrigen Punktestand auf, spricht dies für ein erhöhtes Risiko. Sonstige Indikatoren, die für ein hohes Länderrisiko sprechen sind eine politisch instabile Lage, strukturelle Korruption, ein totalitäres System sowie fehlende unabhängige Justiz- oder Aufsichtsbehörden.[260]

Im letzten Schritt können für die bestimmten Risikoszenarien der festgelegten Regionen die Eintrittswahrscheinlichkeiten und deren möglichen Folgen (Schadensausmaß) vor implementierten Grundsätzen und Maßnahmen bestimmt werden. Aufgrund des hohen Komplexitätsgrad und die darin enthaltenen gegenseitigen Abhängigkeiten auf verschiedensten Ebenen, ist ein Quantifizierungsmodell häufig nicht umsetzbar. Es wird in der Praxis oftmals kritisiert, da es entweder unverhältnismäßig viel Zeit und Kosten verursacht oder aber so starke Heuristiken notwendig werden, dass nur mutmaßliche Schlussfolgerungen getroffen werden können und

---

[254] Vgl. Bundeskriminalamt (2014a), S. 6 ff.
[255] Vgl. Gnändiger/ Kronseder/ Dürfahrt (2014), S. 60.
[256] s. European Commission (2012).
[257] s. FATF-GAFI (2016b).
[258] s. European External Action Service (2016).
[259] s. Transparency International (2015).
[260] Vgl. BME (2013), S. 5.

die Ergebnisse somit verzerrt werden würden. In dem Zusammenhang gilt eine qualitative Betrachtung als ausreichend.[261]

4.4 Mögliche Maßnahmen eines Compliance-Programms

Aufgrund von branchenspezifischen Eigenschaften und unterschiedlichen Unternehmensstrukturen gibt es sehr viele mögliche Organisationsformen von Compliance. Häufig sind aber alle Compliance-Programme ähnlich aufgebaut. In Abbildung 8 werden verschiedene Maßnahmen u.a. zur Geldwäscheprävention genannt, die in ein Compliance-Programm implementiert werden können.

---

[261] Vgl. Gnändiger/ Kronseder/ Dürfahrt (2014), S. 61.

Kultur	• Schaffung einer **Compliance-Kultur**
	• Etablierung eines **Wertekatalogs**/ Verhaltenskodex
	• Regelmäßige klare **Kommunikation** durch Management (Tone from the Top)
	  → Bekenntnis zu Compliance
	  → Aufnahme der Geldwäscherichtlinie in die vorhandene CMS Struktur
	• **Symbolhandlungen** durch Management

Prävention	• Interne **Beratung**/ präventive **Rechtsberatung** • Konzernweite regelmäßige **Trainings- und Schulungsmaßnahmen** (Präsenz- und Onlinetrainings) • Konzerneinheitliche **Richtlinien** einschließlich eines „**Richtlinienmanagements**" • Bereitstellung eines **Compliance Helpdesks** • **Hinweisgebersystem** (*Whistleblowing*-System) • Regelmäßige **Kommunikation** zu Compliance-Themen • **Compliance-Kontrollen** • Sorgfältige **Überprüfung** (Due Diligence) von Geschäftspartnern (abhängig von Risikoprofil der Gesellschaft) → Festlegung von Kriterien • Aufnahme von **Compliance-Zielen** als integralen Bestandteil in **Zielvorgaben** • Identifizierung und Etablierung von **Compliance-Verantwortlichen** in allen Fachbereichen, Regionen, Gesellschaften etc. (Compliance-Organisation) • Durchführung von jährlichen **Risiko-Assessments** • Compliance Prüfungen bei **Einstellungen** und **Beförderungen** • **Präsenz** des zuständigen **Compliance Officers** in entsprechenden **Management Boards** • Entwicklung eines **Frühwarnsystems** (Early Warning Systems) • Etablierung von **Mindeststandards für Dritte** (z.B. in Verträgen, Schulungen etc.)
Identifizieren	• Einführung eines (mehrsprachigen) **Hinweisgebersystems** • Rückwärtsgerichtete anlassbezogene **Sonderuntersuchungen** • Einführung **von IT-gestützten Compliance Kontrollapplikationen** (insbes. zur Identifizierung auffälliger Zahlungen und sonstiger relevanter Unregelmäßigkeiten) • Aufnahme von Compliance-relevanten Themen in den **Revisionsplan** • Regelmäßiger und standardisierter Prozess der **Mitarbeiterbefragungen**
Reagieren	• Ergreifen von **Konsequenzen bei Regelverstößen** • Schaffung eines **Sanktions-Komitees**, das bei Verstößen über die Sanktionen entscheidet • **Kommunikation** an **die zuständigen Stellen** im Unternehmen und erforderlichenfalls an **externe Stellen** (z.B. bei Verdacht auf Verstöße gegen das Geldwäschegesetz) • **Vereinheitlichung** der Sanktionsmaßnahmen • Konzernweite **Fall-Nachverfolgung**
Verbessern	• **Analyse der Ursachen** für die Regelverstöße • **Compliance Dialog** mit Dritten (Geschäftspartnern, Behörden & NGOs etc.) • **Best practice sharing** • **Regelmäßige Überprüfung** der Compliance-Struktur und –Organisation • **Dokumentation** und **Archivierung** nach den Vorgaben des GWG

Prevention (Kultur, Prävention)
Detection (Identifizieren)
Response (Reagieren, Verbessern)

Abbildung 8: Mögliche Maßnahmen eines Compliance-Programms
Quelle: in Anlehnung an Schneider (2010), S. 5 ff.

4.5 Merkmale und Bestandteile einer Compliance-Organisation

Obwohl eine Compliance-Organisation unternehmensindividuell ausgestaltet sein kann, sollten

bestimmte Bausteine festgelegt werden, die das Grundgerüst eines effektiven CMS bilden. Der

IDW PS 980 führt in einer nicht abschließenden Aufzählung folgende vier Merkmale einer Compliance-Organisation auf:

> Sie muss eine klare Festlegung von Rollen und Verantwortlichkeiten im CMS beinhalten. Dazu kann z.B. die Beauftragung eines Compliance-Verantwortlichen bzw. eines Compliance-Gremiums zählen. Ziel ist es, die Aufgaben und die hierarchische Stellung bzw. die organisatorische Einordnung im Unternehmen sowie die Berichtslinien zu bestimmen.

> Sie muss über ausreichend Ressourcen verfügen, um Aufgaben wie die Einführung, Durchsetzung und Überwachung sowie die kontinuierliche Verbesserung des CMS unter Berücksichtigung der Compliance-Ziele und Compliance-Risiken erfüllen zu können.

> Das CMS sollte in andere bestehende Systeme der Unternehmensorganisation, wie z.B. das Risikomanagementsystem oder das IKS integriert werden.

> Zu den Aufgaben einer Compliance-Organisation gehört außerdem die Entwicklung organisatorischer und technischer Hilfsmittel zu den einzelnen CMS-Bestandteilen, wie z.B. Handbücher, manuelle Checklisten oder IT-Tools.[262]

4.5.1 Zuordnung der Compliance-Verantwortung innerhalb des Unternehmens

Je nach Größe und Komplexität des Unternehmens kann entweder eine eigene Stabstelle (Compliance-Abteilung) aufgebaut werden oder die Compliance-Aufgaben werden auf verschiedene Abteilungen verlagert. Ebenso muss die Zuordnung der Geldwäscheprävention-Verantwortlichkeit innerhalb der Unternehmensstruktur zugeordnet werden.

Eine Möglichkeit ist die Ansiedlung der Compliance-Aufgaben in der **Rechtsabteilung**. Dies ist insofern vorteilhaft, da mit einem CMS die Einhaltung von gesetzlichen Bestimmungen und unternehmensinternen Richtlinien gefördert werden soll und die Rechtsabteilung das entsprechende Know-how bietet. Weitere Abstimmungen innerhalb des Unternehmens können vermieden werden, da die Rechtsabteilung auch in Vertragsverhandlungen stark eingebunden ist. Der Nachteil der Verlagerung der Compliance-Aufgaben in die Rechtsabteilung liegt darin, dass diese oftmals Schwierigkeiten beim Aufsetzen von Prozessen und Kontrollsystemen hat.

Häufig werden die Compliance-Aufgaben auch von der **Internen Revision** übernommen, da diese sich mit den Prozessen und Richtlinien des Unternehmens auskennt. Hinzu kommt, dass ihr die Schwächen des IKS sowie die für Compliance-Verstöße anfälligen Gesellschaften bekannt sind. Schwierigkeiten entstehen allerdings bei der Überwachung des CMS als prozessunabhängige Stelle. Da die Interne Revision zum Teil ihre eigenen Richtlinien berücksichtigen muss, kann sie die Implementierung und Verbesserung des CMS nicht verantworten, da eine unabhängige Beurteilung der Compliance-Strukturen nicht durchführbar ist.

---

[262] Vgl. IDW PS 980 (2011), S. 23 f.

Eine Ansiedlung der Compliance-Aufgaben in der **Personalabteilung** wäre insofern vorteilhaft, wenn sich die Aufgaben auf die Aus- und Weiterbildung der Mitarbeiter hinsichtlich der Einhaltung von Richtlinien und Gesetzen bzw. den Umgang und die Sanktionierung von Compliance-Verstößen beschränken würden. Da jedoch viele Themen betriebswirtschaftlich und juristisch geprägt sind, ist eine Übertragung der Gesamtverantwortung für Compliance an die Personalabteilung ungeeignet.

Wie sich gezeigt hat, werden einige Aufgaben, die mit dem Thema Compliance zusammenhängen, in verschiedenen Abteilungen teilweise bereits behandelt. Dadurch, dass diese Aufgaben aber sehr vielfältig sind, wird in größeren Organisationen häufig eine separate **Compliance-Abteilung** aufgebaut. Der Vorteil besteht darin, dass sich die Mitarbeiter komplett auf das Thema konzentrieren können und Fachkenntnisse über die Thematik erlangen. Des Weiteren kann die Compliance-Abteilung eine fortwährende Überwachung durchführen und ist somit Teil des IKS. Eine Interne Revision hingegen wird erst nach längerer Zeit tätig.

Die Gestaltung der Organisationsform erfolgt individuell und unternehmensspezifisch. Um effektive Ergebnisse zu erzielen, ist eine ständige Zusammenarbeit der Compliance-Abteilung mit anderen Fachabteilungen im Unternehmen dennoch erforderlich. Bestimmte Feststellungen, die von der Compliance-Organisation gemacht werden, erfordern oftmals direkten Handlungsbedarf in den betreffenden Abteilungen. Die Gestaltung der Zusammenarbeit zwischen den Abteilungen ist abhängig von der gewählten Organisationsform im Unternehmen.[263]

4.5.2 Bestandteile der Compliance-Organisation

Zu den wesentlichen Bestandteilen einer Compliance-Organisation zählen die Benennung eines Compliance Beauftragten sowie die Einrichtung eines Compliance-Commitees.

Der **Compliance Officer** steht an der Spitze der Compliance-Organisation und trägt die unternehmensweite Prozessverantwortung und Koordination des Themas Compliance. Er übernimmt eine Schlüsselrolle für das CMS und ist verantwortlich für dessen erfolgreiche Implementierung, Effizienz und Weiterentwicklung. Er verfügt über umfassende Fachkenntnisse über Compliance im Unternehmen und dient als zentraler Ansprechpartner und Berater der Geschäftsleitung bei allen Compliance-relevanten Fragen.[264] Um sicherzustellen, dass sich das Unternehmen an entsprechende Gesetze und Vorschriften hält, setzt er Schulungsprogramme für Mitarbeiter auf und implementiert Kontrollen. Die Wirksamkeit des Systems lässt er laufend überwachen, um u.a. Schwachstellen aufzudecken und ggf. anzupassen. Aufgrund des

---

[263] Vgl. Krieger (2014), S. 90 f.
[264] Vgl. Beste (2010), S. 140.

Aufgabenumfangs arbeitet der Compliance Officer in der Regel mit dezentralen Compliance-Beauftragen, sonstigen Beauftragten, der Internen Revision, der Rechtsabteilung und dem Controlling zusammen. Zusätzliche Unterstützung kann er durch die Bestellung eines Geldwäschebeauftragten erhalten.

Ein Compliance Officer sollte über juristische und betriebswirtschaftliche Kenntnisse verfügen. Sämtliche Geschäftsfelder und Prozesse sowie deren Risiken sollten ihm bekannt sein. Um ein regelkonformes Verhalten der Gesellschaft und aller Mitarbeiter zu gewährleisten, muss er als Vorbild in Sachen Compliance überzeugen. Des Weiteren sollte der CCO die Bereitschaft besitzen, mit anderen in Kommunikation zu treten und in der Lage sein, Konflikte zu lösen. Für den Fall, dass es zu Compliance-Verstößen kommt, muss er geeignete Sanktionierungsmaßnahmen festlegen und präventive Maßnahmen einführen. Um die Unabhängigkeit zu garantieren und Interessenskonflikte zu vermeiden, ist es sinnvoll, dass der CCO keine anderen Aufgaben im operativen Geschäft des Unternehmens übernimmt.[265]

Durch das sich ständig verändernde Unternehmensumfeld sowie durch neue Gesetze und Regelungen (z.B. die neue EU-Geldwäscherichtlinie) ist es dem CCO kaum möglich, alle ihm übertragenen Compliance-Aufgaben alleine zu bewältigen. Aus diesem Grund wird häufig ein **Compliance-Committee** gegründet, das ihn beraten soll und ihn dabei unterstützt, auf dem aktuellen Stand der gesetzlichen Rahmenbedingungen zu bleiben, das Thema Compliance im Unternehmen weiter zu verbreiten und intensiv zu verankern. Mitglieder des Compliance-Committees sind der Compliance Officer sowie Vertreter und Entscheidungsträger weiterer Überwachungs- und Kontrollbereiche des Unternehmens, wie z.B. Interne Revision, Risikomanagement, Personal-, Finanz- und Rechtsabteilung. Das Compliance-Committee bietet den Mitgliedern eine Plattform, um aktuelle Fragestellungen zu diskutieren und sich u.a. über Gesetzesänderungen auszutauschen. In Krisensituationen oder bei Compliance-Verstößen können die Verantwortlichen gemeinsam Lösungen beurteilen und Entscheidungen treffen.[266] Diese Organisationsform erfordert nicht unbedingt eine Compliance-Abteilung. In dem Fall sollten jedoch eindeutige Zuständigkeitsregelungen und Verantwortlichkeiten definiert werden. Der Vorteil hierbei ist, dass weniger finanzielle und personelle Ressourcen benötigt werden und eine größere Flexibilität erreicht wird, da ein großer Teil der Compliance-Aufgaben bedarfsgerecht auf andere Fachabteilungen aufgeteilt werden kann. Außerdem kann durch die Einführung eines Compliance-Committees signalisiert werden, dass die Compliance in der Verantwortung des gesamten Unternehmens liegt und nicht nur bei einem zentralen Verantwort-

---

[265] Vgl. Krieger (2014), S. 94 f.
[266] Vgl. Beste (2010), S. 140.

lichen CCO. Dadurch kann die Akzeptanz der Compliance-Verantwortlichkeit im Unternehmen zwar gesteigert werden, führt aber auch zu einem großen Abstimmungsaufwand zwischen den Entscheidungsträgern.[267]

Eine weitere Unterstützung für den CCO kann die Einrichtung einer sogenannten **Whistleblower- (Hinweisgeber-) Hotline** oder eines **Ombudssystems** sein.[268]

Die Einrichtung eines Hinweisgebersystems bietet Mitarbeitern und Dritten die Chance, mögliche Compliance-Verstöße mitzuteilen, während gleichzeitig Vertraulichkeit und Anonymität gewährleistet werden. Auch wenn es in Deutschland keine gesetzlichen Vorschriften für die Einrichtung solcher Hinweisgebersysteme gibt, bieten diese insbesondere für Personen in individuellen Konfliktsituationen, die aus Sorge vor persönlichen Konsequenzen eine offene Meldung an die Führungskraft oder andere Ansprechpartner im Unternehmen vermeiden wollen, eine gute Alternative. Die Ausgestaltung von Hinweisgebersystemen kann sich organisatorisch und technisch je nach Unternehmensform unterscheiden. Vor allem international tätige Unternehmen buchen externe Anbieter, die Unternehmen entsprechende Systeme als „Briefkasten" zur Verfügung stellen. Die professionellen Anbieter nehmen den telefonischen oder elektronischen Hinweis des anonymen oder nicht-anonymen Hinweisgebers entgegen, führen eine Auswertung nach einheitlichen Kriterien durch und präsentieren den Bericht daraufhin der Compliance-Organisation oder einer anderen Stabsstelle im beauftragenden Unternehmen. Durch das „Briefkastensystem" kann eine Rückmeldung seitens des Unternehmens gegeben werden, wobei der Hinweisgeber selbst entscheiden kann, ob und wie er darauf reagiert.[269]

Eine andere Möglichkeit ist die Bestimmung eines Ombudsmanns, der Aufgaben und Weisungen vom CCO erhält, der Geheimhaltung unterliegt und objektiv handelt. Er dient als vertrauenswürdiger und akzeptierter Ansprechpartner für Mitarbeiter, die Probleme haben oder Verdachtsfälle von Compliance-Verstößen melden möchten.

Insbesondere in großen Unternehmen, in denen regelmäßig Konflikte entstehen können, ist es sinnvoll, eine Stelle für eine unparteiische Ombudsperson einzurichten. In globalen Konzernen wird häufig ein Netzwerk von lokal verantwortlichen Ombudspersonen aufgebaut, um einerseits die Effektivität zu steigern und andererseits das Vertrauen bei den Mitarbeitern zu festigen. Für die Position werden in der Regel Personen ausgewählt, die aufgrund ihrer Stellung, ihrer langjährigen Betriebszugehörigkeit oder anderer Faktoren das Vertrauen der Mitarbeiter

---

[267] Vgl. Krieger (2014), S. 96 f.
[268] Vgl. Pütz (2011), S. 27.
[269] Vgl. Moosmayer (2012), S. 56 ff.

genießen. Damit das System funktioniert, ist es entscheidend, dass die Mitarbeiter die Möglichkeit haben, Sorgen, Probleme sowie Verdachtsmeldungen an ihrem Standort und in der
ihnen bekannten Sprache ansprechen zu können.[270]

Die Ansprechpartner des Ombuds-Netzwerks müssen dafür sorgen, dass die angesprochenen
Fragen, Probleme und Anliegen der Mitarbeiter anonym an die zuständigen Abteilungen oder
auch Dritten zur Klärung weitergeleitet werden. Ziel ist es, dass die Mitarbeiter ihre Beschwer-
den anonym oder nicht-anonym melden können, ohne dass für sie dadurch ein Nachteil entsteht.[271] Für mittelständische Unternehmen bietet es sich an, einen externen Ombudsmann
hinzuzuziehen, da die Dienstleistung auf externe Rechtsanwaltskanzleien ausgelagert werden
kann.[272]

4.6 Grundpfeiler erfolgreicher Compliance-Kommunikation

Die Compliance-Kommunikation gilt als integraler Bestandteil eines CMS und steht in fortwäh-
render Wechselwirkung mit den anderen Grundelementen. Der IDW PS 980 hebt folgende
Elemente der Compliance-Kommunikation hervor:

> ➢ Zu den Schwerpunkten zählt die Kommunikation der in den Teilbereichen zu beach-
> tenden Regeln sowie des Compliance-Programms an die betroffenen Personen. Ziel
> ist es, die in den Unternehmensgrundsätzen festgelegten Werte, Rollen und Verant-
> wortlichkeiten so zu kommunizieren, dass sie von den Mitarbeitern wahrgenommen,
> verinnerlicht und umgesetzt werden.
> ➢ Außerdem umfasst die Compliance-Kommunikation die Festlegung der Berichtspflich-
> ten, also der Anlässe der Berichterstattung und der Berichtswege für die Kommunika-
> tion von Compliance-Risiken und festgestellten bzw. vermuteten Regelverstößen an
> die zuständigen Stellen im Unternehmen.
> ➢ Als weiteres Element nennt der Prüfungsstandard die Kommunikation der Ergebnisse
> von Überwachungsmaßnahmen zwecks Ursachenanalyse und Entwicklung von Maß-
> nahmen zur Verbesserung des CMS. Ziel ist die systematische Analyse von erkannten
> Risiken oder Schwachstellen im Überwachungsprozess.

Damit die Compliance-Kommunikation wirksam ist, setzt der Prüfungsstandard voraus, dass
Mitarbeiter bzw. betroffene Dritte ausreichend Kenntnisse über die Berichtspflichten und ein
Bewusstsein für die Bedeutung einer zeitnahen und vollständigen Kommunikation erlangen.[273]

---

[270] Die Daimler AG stellt z.B. für 58 Länder 24-Stunden-Hotlines zur Verfügung, unter denen in der jeweiligen Landessprache Compliance-Verstöße gemeldet werden können. Vgl. Daimler AG (2016).
[271] Vgl. Inderst (2010), S. 122 f.
[272] Vgl. Moosmayer (2012), S. 59.
[273] Vgl. IDW PS 980 (2011), S. 24.

Wie bereits im vorherigen Kapitel erklärt, ist die organisatorische Einbindung des CMS in die Geschäftsprozesse entscheidend, um eine effiziente Zusammenarbeit und Aufgabenerfüllung zu erreichen. Ebenso wichtig ist die Integration der Compliance-Kommunikationsstrategie in das Gesamtkonzept der Unternehmenskommunikation, seiner Systeme und Teilprozesse. Ziel der Compliance-Kommunikation sollte sein, das Verhalten der Mitarbeiter und von Dritten so zu steuern, dass das CMS verstanden und akzeptiert wird. Ohne ein aus Überzeugungen und Wertevorstellungen geleitetes Verständnis der Zielgruppe, kann kein effektives und effizientes CMS erreicht werden. Aus diesem Grund ist es empfehlenswert, sich auch kommunikativ auf solche Grundwerte zu stützen und die Compliance-Kommunikation aus ihnen zusammenhängend abzuleiten.

4.6.1 Verankerung in Unternehmensleitbild und Wertekanon

Um eine nachhaltige Grunddynamik im Kommunikationsprozess aufzubauen, kommunizieren viele Unternehmen prägnante **Unternehmensleitbilder**, die geschäftsstrategische Zielaussagen vermitteln und die Bedeutung der Compliance allgemein stärken sollen.[274]

Mittels eines allgemeinen **Wertekanons** kann ein Unternehmen gewünschte Grundwerte und ethische Geschäftsverhalten definieren und die daraus abgeleiteten Prinzipien für den Geschäftsalltag darstellen. Damit das von den Mitarbeitern erwartete Verhalten verständlicher wird, kann im Code of Conduct an diese Prinzipien oder auch an die Aussagen im Unternehmensleitbild angeknüpft werden.

Bei der strategischen Planung der Compliance-Kommunikation müssen des Weiteren **Information und Akzeptanz** gewährleistet werden. Das bedeutet, dass die tatsächliche Kenntnisnahme der Mitarbeiter und Dritter über die Compliance-Vorgaben und Erwartungen sichergestellt werden muss. Bei der Planung sollte hierbei berücksichtigt werden, welche technischen Möglichkeiten verfügbar sind, um Informationen an die Adressaten weiterzugeben. Die Botschaft und die damit verfolgten Ziele müssen für jeden inhaltlich verständlich und nachvollziehbar vermittelt werden. Eine verständliche und klare Darstellung der Kommunikationselemente ist hierfür ebenso erforderlich wie Prägnanz und Kürze, um eine Informationsüberflutung zu vermeiden.

Im Rahmen der Kommunikationsstrategie muss der Nutzen von Compliance betont werden, um die Akzeptanz bei den Mitarbeitern zu erzielen. Seitens der Unternehmensleitung muss das klare

---

[274] Vgl. Kohler (2014), S. 103 f.

Commitment sowie die Konsequenzen bei Compliance-Verstößen transparent kommuniziert werden.

Des Weiteren muss eine **Informationskultur** geschaffen werden. Die Mitarbeiter müssen verstehen, dass sie Verantwortung über den eigenen Bereich hinaus für das gesamte Unternehmen übernehmen. Dazu zählt, dass sie eine wichtige Rolle bei der Aufdeckung von Fehlverhalten und bei der Identifikation möglicher Risiken spielen. Durch ihre Beobachtungen unterstützen sie die Compliance-Organisation und ggf. den CCO als Hinweisgeber. Dieser ist auf die Aufmerksamkeit der Mitarbeiter angewiesen. Es sollte jedoch verdeutlicht werden, dass es nicht darum geht, sich gegenseitig ständig zu überwachen oder die Leistung der Kollegen zu kontrollieren. Der Aufruf zum Hinweisen auf Compliance-Verstöße soll lediglich möglicherweise unbewusstes oder fahrlässiges Fehlverhalten reduzieren, ohne dass mit einem Hinweis Sanktionen verbunden sein müssen. Um zu vermeiden, dass voreilige Meldungen über scheinbare Compliance-Verstöße erstattet werden, muss das CMS gewisse Schutzinstrumente für den Betroffenen enthalten und diese deutlich kommunizieren.

Mithilfe von **Schulungen** kann der Gesamtnutzen eines offenen Informationsverhaltens für Mitarbeiter zusätzlich bewusst gemacht werden. Innerhalb des Trainings kann auf mögliche Regelverstöße hingedeutet und Handlungsempfehlungen ausgesprochen werden.[275] In diesem Zusammenhang können auch ergänzende Unternehmensrichtlinien (z.B. zu Geldwäsche) thematisiert werden.

Die **Unternehmensführung** trägt bei der Compliance-Kommunikation eine Schlüsselrolle. Ihr Ziel sollte sein, durch eigenes rechtskonformes und integres Verhalten als Vorbildfunktion zu dienen. Des Weiteren muss sie die Bedeutung des Compliance-Programms aktiv an ihre Mitarbeiter kommunizieren. Zu dieser aktiven Kommunikation zählen verschiedene Aspekte:

➢ Das eigene, deutlich sichtbare Bekenntnis der Unternehmensleitung zu den festgelegten Regeln und Unternehmenswerten.
➢ Die Aussage, die Compliance-Ziele durch geeignete Maßnahmen mit den Unternehmenszielen zu vereinen.
➢ Die Klarstellung, dass die Compliance-Ziele und deren Erreichung ebenso wichtig sind wie die finanziellen Ziele.
➢ Das Bestreben, die Compliance-Ziele in den Kernprozessen und in den Führungs- und Steuerungsinstrumenten des Unternehmens umzusetzen.
➢ Die Honorierung von Compliance-Leistungen, um die Motivation der Mitarbeiter zur Teilnahme an der Verbesserung des CMS zu erhöhen.

---

[275] Vgl. Kohler (2014), S. 104 ff.

> Die Schaffung einer Atmosphäre, in der die Meldung von Fehlverhalten als Pflicht jedes Einzelnen wahrgenommen wird.[276]

Um Compliance im Unternehmen zu verankern, muss zusätzlich ein **nachhaltiges Kommunikationskonzept** entwickelt werden. Bei der Entwicklung des Compliance-Kommunikationskonzepts bietet es sich an, eng mit der unternehmenseigenen Kommunikationsabteilung zu arbeiten, da diese Erfahrungen in Planung und Umsetzung sowie geeignete Ressourcen bieten können.

Bei der internen Kommunikationsplanung unterscheidet man zwischen der Kommunikation bei der Einführung des Compliance-Programms und dessen Fortentwicklung. Wenn geplant wird, ein Compliance-Programm einzuführen, muss dies kommuniziert werden. Dazu zählt die Bekanntmachung von Strukturen und Prozessen des CMS insgesamt, von Inhalten des Compliance-Programms, vom Commitment des Managements zur Compliance, von Richtlinien, von schriftlichen Anweisungen und Informationsschriften sowie von Schulungsmaßnahmen und -inhalten. Zusätzlich sollte auf die Einrichtung von Hinweisgebersystemen sowie auf zuständige Anlaufstellen im Unternehmen aufmerksam gemacht werden.[277]

Nach der Etablierung des CMS ist die Erstellung eines langfristigen Kommunikationsplans notwendig, um die Umsetzung des Compliance-Programms im Unternehmen kontinuierlich begleiten zu können. Dabei gibt es verschiedene unterstützende Maßnahmen. In Form von „Compliance-News" könnte z.B. eine regelmäßige und nachhaltige Berichterstattung über Compliance-Themen, wie bspw. aktuelle Geldwäscheneuigkeiten, etabliert werden. Praxisnahe Einblicke in die Compliance-Organisation und die Veröffentlichung relevanter Fragestellungen zum Thema Compliance und Geldwäsche sowie deren Lösungen halten das Thema bei Mitarbeitern aktuell. Eine weitere Möglichkeit ist die Einführung von Feedback-Runden zum Compliance-Programm und seinen Verbesserungspotentialen. In hierarchieübergreifenden Arbeitsgruppen können sich die Mitarbeiter über Ergebnisse austauschen und zur Optimierung des Programms beitragen.

Das Kommunikationskonzept sollte jedoch auch die Auswirkungen des Compliance-Programms auf Dritte, wie bspw. Lieferanten, Kunden, sonstige Geschäftspartner und die Öffentlichkeit berücksichtigen. Die externe Kommunikation muss auf die Informationsbedürfnisse der Stakeholder ausgerichtet sein und dabei nicht im Widerspruch zur internen Kommunikation stehen. Es muss eine angemessene Kommunikation zur Verpflichtung von Geschäftspartnern erfolgen,

---

[276] Vgl. Beste (2010), S. 134.
[277] Vgl. Kohler (2014), S. 109.

um bspw. geldwäscherechtliche Anforderungen zu erfüllen. Eine nachvollziehbare Erläuterung des Compliance-Programms des Unternehmens nach außen kann das Vertrauen der Geschäftspartner stärken und so eine nachhaltige Compliance sicherstellen.[278]

4.6.2   Prozesse und Instrumente der Compliance-Kommunikation

Im Rahmen eines gezielten, umfassenden Informationsmanagements sollen alle beteiligten Personen über das CMS, die Regelungsbereiche und fundamentalen Inhalte der für die Compliance-relevanten Richtlinien, Normen und Selbstverpflichtungen informiert und für Compliance-Risiken sensibilisiert werden. Es soll erreicht werden, dass die Mitarbeiter Risiken frühzeitig erkennen und verstehen, wann sie die Compliance-Abteilung bzw. den CCO für ein Beratungsgespräch aufsuchen sollten. Solche Anfragen unterstützen die Compliance-Abteilung in ihrer Informations- und Beratungsfunktion, bei der kommunikativen Verbesserung und bei der Identifikation weiterer Programmschwerpunkte.

Alle Richtlinien und Regelungen sollten in einem Verhaltenskodex schriftlich festgelegt werden. Der Code of Conduct ist integraler Bestandteil eines CMS und schreibt verbindliche Handlungs- und Verhaltensanweisungen vor, um ein bestimmtes Soll-Verhalten der Mitarbeiter untereinander und gegenüber Dritten zu erzielen.[279] So sollten bspw. die Verhinderung von Geldwäsche und Terrorismusfinanzierung Bestandteile des Code of Conducts sein. Die inhaltlichen Schwerpunkte hängen von den Ergebnissen der Compliance-Risikoanalyse und der jeweiligen Branche ab. Durch das Einbeziehen von Mitarbeitern bei der Entwicklung des Kodex kann eine allgemeine Akzeptanz erzielt werden. Dabei sollte darauf geachtet werden, dass der Compliance-Kodex nicht zu komplex gestaltet wird, sondern lediglich die Aspekte aufführt, mit denen die Mitarbeiter täglich konfrontiert werden. Ein übersichtlich und prägnant formulierter Verhaltenskodex erleichtert den Zugriff auf gesuchte Regelungen und bietet eine schnelle Grundorientierung. Bei der Einführung des Compliance-Kodex muss darauf geachtet werden, dass er allen Mitarbeitern bekannt ist und für sie stets ohne Schwierigkeiten aktuell zugänglich und einsehbar ist. In international tätigen Konzernen empfiehlt es sich, den Kodex in die jeweilige Landessprache zu übersetzen, um eine Akzeptanz für einheitliche Verhaltensgrundsätze zu erreichen.[280] Eine Verteilung von Druckexemplaren an alle Mitarbeiter kann diese Akzeptanz ebenfalls fördern.

---

[278] Vgl. Moosmayer (2012), S. 61 f.
[279] Vgl. Beste (2010), S. 130 f.
[280] Die thyssenkrupp AG stellt ihren Code of Conduct online in neun Sprachen zur Verfügung: s. thyssenkrupp AG (2016a).

Abgeleitet vom Compliance-Kodex entstehen Unternehmensrichtlinien, die Verhaltensweisen vorgeben und entsprechend an alle relevanten Personen kommuniziert werden müssen. Es bietet sich an, die relevanten Adressaten gezielt nach Aufgabenbereich auszuwählen, um eine Überflutung an Informationen zu vermeiden und das Verständnis zu fördern.

Zusätzlich zu den Konzernrichtlinien können ergänzende Kommunikationsmedien zur Erklärung von Handlungsweisen eingesetzt werden. Dazu zählt bspw. die Verteilung von interessant gestalteten Merk- und Informationsblättern, die ebenfalls in allen relevanten Unternehmenssprachen verfügbar sein sollten. Weitere Medien, die von der Compliance-Kommunikation zur Bekanntmachung von bestimmten Zielen, Aktionen oder Themen genutzt werden können, sind Plakate, Mitarbeiterzeitungen, Newsletter oder zielgruppenspezifische E-Mails.

Von hoher Bedeutung sind auch die persönlichen Gespräche zwischen Vorgesetzen und Mitarbeitern. Im Rahmen der jährlichen Zielvereinbarungsgespräche sollte zusätzlich zu den allgemeinen wirtschaftlichen Vorgaben, auch auf Compliance-Themen eingegangen werden.[281] Damit die Mitarbeiter für die generelle Bedeutung von Compliance sensibilisiert werden und ihnen ihr individueller Beitrag und der jeweiligen Abteilung bewusst werden, ist es im Interesse der Vorgesetzten, das Thema Compliance-Management und nachfolgende Maßnahmen persönlich anzusprechen.[282]

Um den jederzeitigen, ortsunabhängigen Zugang zu sämtlichen wesentlichen Dokumenten (Compliance-Kodex, Compliance-Richtlinien, Unternehmensgrundsätze, Regelwerke, Schulungsmaterialien) und alle weiteren Informationen zu Compliance-Themen zu vereinfachen, kann eine Compliance-Intranetseite eingerichtet werden. Die Seite muss übersichtlich aufgebaut und klar strukturiert sein und das Compliance-Commitment der Unternehmensleitung präsentieren. Wichtig ist außerdem die ständige Aktualisierung der Seite, um nicht durch widersprüchliche Informationen das Vertrauen der Nutzer zu verlieren.

Das Intranet reicht als alleiniges Kommunikationsmedium nicht aus. Der Kommunikationsprozess sollte neben den bereits angeführten Maßnahmen auch in Schulungsmaßnahmen (Präsenzschulungen und interaktiven Trainings (sogenanntes E-Learning)) sowie Trainings- und Beratungsangeboten fortgeführt werden.[283] Im Rahmen der Schulungen und Trainings sollten insbesondere die Verpflichtungen der Mitarbeiter und mögliche Konsequenzen bei Fehlverhalten aufgezeigt werden. Durch einen klaren Bezug zu den Unternehmensaktivitäten und -zielen

---

[281] Vgl. Kohler (2014), S. 110-114.
[282] Vgl. Kleinfeld/ Müller-Störr (2010), S. 407.
[283] Vgl. Kohler (2014), S. 114-118.

steigt die Bereitschaft der Mitarbeiter, die Umsetzung im Unternehmen aktiv zu unterstützen.[284]

Die Compliance-Kommunikation muss außerdem die externe Kommunikation an Kunden, Lieferanten und weitere Geschäftspartner, die von den Compliance-Maßnahmen des Unternehmens betroffen sind, berücksichtigen. Das Ziel besteht darin, die externen Anspruchs- und Interessengruppen, zu denen auch Aktionäre und Rating-Agenturen zählen, über das Compliance-Programm zu informieren. Dazu zählen auch Hinweise auf Verstöße gegen Compliance, da diese ebenfalls an Presse und Öffentlichkeit kommuniziert werden müssen. Eine offene Adressierung von Regelverstößen und Vorfällen im Compliance-Bereich kann proaktiv Vertrauen aufbauen. Dabei sollten die Persönlichkeitsrechte der Betroffenen aber jederzeit respektiert werden.[285] Die Schadensersatzanklage im Jahr 2010 gegen zwei korrupte Ex-Vorstände von Siemens kommuniziert deutlich nach außen, dass in diesem Konzern Sanktionierungsmaßnahmen konsequent durchgeführt werden.[286]

Es bietet sich an, das Thema Compliance auf der öffentlich zugänglichen Website des Unternehmens zu platzieren. Dort können die Grundlagen der Compliance-Kultur, des Compliance-Kodex und die CMS-Beschreibung veröffentlicht werden.[287] Viele Konzerne werben auf ihrer Website u.a. mit der sogenannten „Zero Tolerance Policy", zu der eine entsprechende Untersuchung von etwaigen Verstößen gegen Compliance-Regeln und eine angemessene Sanktionierung zählt.[288]

Entsprechende Broschüren können für Termine mit Geschäftspartnern vorbereitet werden, um diese über die geltenden rechtlichen und ethischen Rahmenbedingungen zu informieren und das Verständnis und Vertrauen des Geschäftspartners so zu erhöhen.[289]

4.7 Praktische Umsetzung der Anforderungen an die Compliance-Überwachung

Als letztes Grundelement wird im IDW PS 980 die Compliance-Überwachung und Verbesserung genannt. Im Rahmen der Compliance-Überwachung sind gemäß IDW PS 980 u.a. folgende Aspekte zu berücksichtigen:

➢ Festlegung der Zuständigkeiten
➢ Entwicklung eines Überwachungsplans

---

[284] Vgl. Kleinfeld/ Müller-Störr (2010), S. 410.
[285] Vgl. Kohler (2014), S. 122 f.
[286] Vgl. Höpner (2010).
[287] Vgl. Kohler (2014), S. 122.
[288] Vgl. Henkel AG und Co. KGaA (2013), S. 3.
[289] Vgl. Kohler (2014), S. 123.

- Bereitstellung von personellen Ressourcen mit umfänglicher Erfahrung in der Durchführung von Überwachungsmaßnahmen
- Bestimmung der Berichtswege für die Ergebnisse der Überwachungsmaßnahmen
- Berichterstellung über die Ergebnisse der Überwachungsmaßnahmen und deren Auswertung
- Untersuchung der Ergebnisse hinsichtlich potenzieller Schwachstellen des CMS und ggf. Entwicklung von Maßnahmen zur Erhöhung der Wirksamkeit

Für den Fall, dass sich im Rahmen der Überwachung Hinweise auf Regelverstöße von Angestellten oder Dritten ergeben, sollten erkennbare Maßnahmen (z.B. zusätzliche Schulungen) getroffen werden, um solchen Vorfällen zukünftig vorzubeugen. Weiterhin können die Hinweise bei den Beurteilungen der Mitarbeiter und bei Beförderungsentscheidungen berücksichtigt werden. Schwerwiegende Regelverstöße können die Kündigung des Arbeitsvertrags oder von Verträgen mit Dritten zur Folge haben.[290]

Die Compliance-Überwachung und Verbesserung des CMS kann nur sinnvoll erfolgen, wenn eine angemessene Dokumentation vorhanden ist.[291] Die Abläufe und Zielsetzungen von Compliance-Maßnahmen müssen eindeutig festgelegt werden, damit sie auf ihre wirksame Durchführung hin kontrolliert werden können. Für die Wirksamkeitsprüfung werden Art, Umfang und Zeitpunkt einer Maßnahme benötigt, um die tatsächliche Durchführung gegen die Solldurchführung abzugleichen.[292]

4.7.1 Überwachungsmaßnahmen

Die Überwachung dient der kontinuierlichen Beurteilung der Angemessenheit und Wirksamkeit des CMS unter Berücksichtigung einzelner Maßnahmen und der Zielsetzung insgesamt. Es bietet sich an, die Überwachung mithilfe eines nachvollziehbaren Überwachungsplans zu strukturieren. Auf die während des Risk Assessments identifizierten Risiken werden verschiedene Maßnahmen entwickelt und eingerichtet. Im Rahmen der Compliance-Überwachung werden diese Maßnahmen des CMS durch die Überwachungsmaßnahmen beurteilt. Es wird geprüft, ob auf das identifizierte Risiko eine angemessene Reaktion erreicht worden ist. Dazu können technische, automatisierte Maßnahmen (sog. Ongoing Monitoring) eingesetzt werden, welche ggf. mit personenbezogenen Nachkontrollen (z.B. Befragungen, Verprobungen etc.) kombiniert werden können. Dazu zählen bspw. Reportingstrukturen, die eine routinemäßige Überprüfung von Prozessschritten gewährleisten. Die automatisierten Überwachungsmaßnahmen umfassen die Durchführung einzelner Maßnahmen vollständig. Die personenbezoge-

---

[290] Vgl. IDW PS 980 (2011) S. 24 f.
[291] Vgl. IDW PS 980 (2011), S. 7.
[292] Vgl. Withus (2014), S. 134.

nen Überwachungen hingegen werden in Stichproben durchgeführt. Der Stichprobenumfang ist dabei von der Durchführungshäufigkeit der zu überprüfenden Maßnahmen abhängig. Zusätzlich muss darauf geachtet werden, dass jede einzelne Überwachungsmaßnahme die gleiche Wahrscheinlichkeit besitzt, Teil der Stichprobe zu werden. Des Weiteren muss die Stichprobe den kompletten Überwachungszeitraum abdecken bzw. durch zusätzliche Beurteilungen auf den übrigen Überwachungszeitraum übertragbar sein.[293] Zu den stichprobenartigen Kontrollen können neben internen Kontrollen auch externe Experten, wie bspw. Wirtschaftsprüfer oder Behörden beauftragt werden.

4.7.2 Überwachung der Compliance-Kultur

Die Compliance-Kultur prägt Angemessenheit und Wirksamkeit des CMS. Sie wird hauptsächlich durch den im Unternehmen gelebten Wertekanon der Führungskräfte und Mitarbeiter bestimmt.[294] Dieses Element ist eines der am schwierigsten zu überwachenden Grundelemente, da Wertvorstellungen kaum zu beurteilen sind. Dennoch ist es notwendig, gerade die Compliance-Kultur und alle dazugehörigen Grundsätze und Maßnahmen zu kontrollieren. Dabei reicht die alleinige Überwachung der Einrichtung von Maßnahmen nicht aus. Die Wirksamkeit dieser Maßnahmen muss ebenfalls berücksichtigt werden.

Zu überprüfen ist, ob die Inhalte von Richtlinien und weiteren Kommunikationsmaßnahmen nachvollziehbar kommuniziert werden und allen Mitarbeitern und Dritten zur Verfügung stehen. Entscheidend ist, dass der Tone from the Top und die weitere Compliance-relevante Kommunikation von Zielsetzungen und regelkonformen Verhalten konsistent mit anderen Kommunikationen und betrieblichen Zielvorgaben ist. So müssen die für die Überwachung zuständigen Mitarbeiter bspw. kontrollieren, ob die wirtschaftlichen Zielvorgaben im Unternehmen realistisch umsetzbar sind, wenn Compliance fortwährend eingehalten werden soll. Dabei müssen sie auch eventuelle Compliance-Risiken berücksichtigen. Die Vorgabe, die Umsätze innerhalb kürzester Zeit in einem Land, in dem ein hohes Korruptionsrisiko besteht, zu verdoppeln, erscheint bspw. unrealistisch. In diesem Fall ist es fragwürdig, ob die Mitarbeiter lediglich mit Worten zur Einhaltung von Compliance motiviert werden können.

Um die tatsächliche Umsetzung der Maßnahmen und Grundsätze dieses Grundelements zu kontrollieren, können z.B. Beurteilungen oder Zielvorgaben zufällig ausgewählter Mitarbeiter inspiziert werden. Ein Ziel der Unternehmensführung ist es, die im Unternehmen gewünschten Werte nachvollziehbar zu kommunizieren, damit sie von den Mitarbeitern akzeptiert und ver-

---

[293] Vgl. Withus (2014), S. 131 f.
[294] Vgl. IDW PS 980 (2011), S. 21.

innerlicht werden. Um das Verständnis und die Akzeptanz zu beurteilen, können Mitarbeiter, die in Bereichen mit hohen Verstoßrisiken oder in der Compliance-Abteilung arbeiten, befragt werden. Dabei sind bestimmte Interviewtechniken und eine gewisse Erfahrung erforderlich, um verlässliche Antworten sicherzustellen. Die Befragten müssen sowohl eine Selbsteinschätzung abgeben, als auch Angaben zu anderen Beschäftigten machen, damit die Aussagen miteinander verglichen und ggf. ausgefiltert werden können.[295]

Die Einrichtung von Whistleblower-Hotlines[296] ist ein weiterer Aspekt der kontinuierlichen Überwachung und Verbesserung. Einige Kulturen stehen Whistleblowing-Systemen noch sehr kritisch gegenüber, da diese mit Denunziation in Verbindung gebracht werden. Dennoch können Aussagen, die über Whistleblower-Hotlines eingehen, entscheidende Hinweise auf Probleme und Verstöße im Unternehmen liefern. Gerade die gewährleistete Anonymität ermutigt Mitarbeiter, auch Aussagen gegen Führungskräfte zu machen.[297] Aus diesen Hinweisen lassen sich wichtige Ansätze für Verbesserungen und Anpassungen des CMS ableiten, worin die Hauptaufgabe der Compliance-Überwachung besteht.[298]

4.7.3 Reaktion auf festgestellte Verstöße oder Schwachpunkte des CMS

Werden Compliance-Verstöße identifiziert, müssen diese effektiv sanktioniert werden. Werden im Rahmen der Überwachungsmaßnahmen Schwächen des CMS identifiziert, muss zunächst untersucht werden, ob es sich um Fehler des Systems handelt oder um eine zufällig fehlerhafte Abweichung bei der Durchführung der Maßnahme. Auch auf zufällige Fehler, die oft auf menschliches Versagen zurückzuführen sind, muss eine erkennbare Reaktion erfolgen. Diese Zero-Tolerance-Policy kann verhindern, dass sich anderenfalls eine Skepsis hinsichtlich der Bedeutsamkeit der CMS-Maßnahmen bildet. Zu den Reaktionen auf das Fehlverhalten zählen zunächst die Belehrung des Verantwortlichen, eine umfassende Analyse der möglichen Konsequenzen des Verstoßes sowie die Ursachengründung des Fehlverhaltens.[299] Weitere disziplinarische Maßnahmen können Compliance-Schulungen, Abmahnungen, Versetzungen bis hin zur ordentlichen und außerordentlichen Kündigung des Arbeitsverhältnisses sein. Häufig reichen ergänzende Erklärungen und Schulungen aus, um zukünftige Verstöße zu vermei-

---

[295] Vgl. Withus (2014), S. 133 f.
[296] Mehr zu den Themen Whistleblower-Hotlines und Hinweisgebersystemen s. Kapitel 4.5.2.
[297] Vgl. Rieder/ Falge (2010), S. 27 f.
[298] Vgl. Withus (2014), S. 129.
[299] Vgl. Withus (2014), S. 134 f.

den. Werden bei der Überprüfung systematischen Schwächen entdeckt, sind Systemanpassungen und Fortentwicklungen erforderlich.[300]

Die für die Compliance-Überwachung zuständigen Mitarbeiter müssen analysieren, ob es neben der Fehlerbehebung noch weiteren Verbesserungs- oder Änderungsbedarf gibt. Dazu sind bei der Überwachung Veränderungen in gesetzlichen Richtlinien zu berücksichtigen, um mit entsprechenden Maßnahmen auf mögliche Risiken reagieren zu können. Des Weiteren müssen sonstige Veränderungen im Umfeld oder von Rahmenbedingungen überwacht werden, um eine aktuelle Risikoeinschätzung vorzunehmen und mit erforderlichen Anpassungen des CMS zu reagieren.[301]

Abbildung 9 fasst nochmal die wesentlichen Maßnahmen bei der Integration des Teilbereichs Geldwäscheprävention in ein CMS nach IDW PS 980 zusammen.

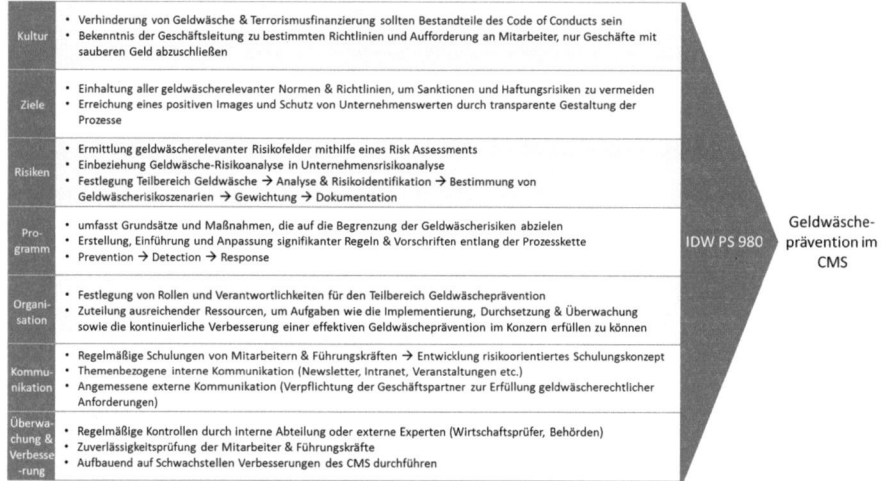

Abbildung 9: Geldwäscheprävention im CMS am Beispiel des IDW PS 980
Quelle: eigene Darstellung (2016).

---

[300] Vgl. Rieder/ Falge (2010), S. 28 f.
[301] Vgl. Withus (2014), S. 135 f.

5 Geldwäsche in verschiedenen Konzernstrukturen

Im letzten Kapitel wurde beschrieben, wie der Teilbereich Geldwäscheprävention in ein CMS integriert werden kann. Alle sieben Grundelemente wurden dabei berücksichtigt und praxisnah erläutert. Der Aufbau eines CMS lässt sich in jedem Unternehmen unterschiedlich gestalten und ist abhängig von der Konzernstruktur, Unternehmensgröße und -komplexität, Branche, Risikostruktur sowie der internationalen Positionierung. Die Geschäftsführer von Konzernen müssen alle dieser Faktoren berücksichtigen, da ihre Tochterunternehmen ggf. in verschiedenen Ländern in unterschiedlichen Branchen tätig sind. Jedes Land und jede Branche können in unterschiedlich hohem Maße anfällig für Geldwäsche sein. Branchen, in denen z.B. viel Bargeld umgesetzt wird, sind besonders interessant für Geldwäscher und bergen daher ein hohes Risiko.[302]

Dieses Kapitel widmet sich verschiedenen Konzernstrukturen und analysiert diverse Schwerpunkte der im letzten Kapitel beschriebenen Vorgehensweisen. Nach einer Erklärung der wichtigsten Begrifflichkeiten, wird erörtert, wie Konzerne vorgehen sollten, um sich im Allgemeinen vor Geldwäschedelikten zu schützen und welche Maßnahmen sie dabei ergreifen können. Anschließend werden die Sicherungsmaßnahmen anhand verschiedener Risikoszenarien unter Berücksichtigung der jeweiligen Konzernstruktur analysiert.

5.1 Definitionen und wichtige Begriffe

Im Folgenden werden die verschiedenen Konzernstrukturen kurz definiert und wichtige Begriffe, die im Zusammenhang mit Konzernen und ihren Steuerungsinstrumenten stehen, erläutert.

Konzern

Gemäß § 18 AktG versteht man unter einem Konzern einen Zusammenschluss verschiedener rechtlich selbstständiger Unternehmen unter einheitlicher wirtschaftlicher Leitung.[303] Eine einheitliche wirtschaftliche Leitung ist gegeben, wenn die Geschäftspolitik der einzelnen Konzernunternehmen koordiniert wird. Die rechtlich selbstständigen Unternehmenseinheiten werden durch die einheitliche Leitung zu einer wirtschaftlichen Einheit zusammengefasst.

Nach der wirtschaftlichen Zielsetzung des Unternehmenszusammenschlusses unterscheidet man vertikale Konzerne, horizontale Konzerne und Mischkonzerne.

---

[302] Vgl. O.V. (2016).
[303] Vgl. § 18 Abs. 2 AktG.

Bei **vertikalen Konzernen** schließen sich Unternehmen aufeinanderfolgender Produktionsstufen zusammen, um Beschaffungs- und Absatzwege zu sichern. Dadurch können sie ein breites Spektrum bei der Leistungserstellung selbst abdecken und müssen diese nicht von externen Anbietern beziehen.

Bei **horizontalen Konzernen** schließen sich Unternehmen mit einem ähnlichen Leistungsangebot zusammen. Ihr Ziel hierbei ist die Erreichung von Synergieeffekten im Beschaffungs-, Produktions- bzw. Absatzbereich.[304]

Mischkonzerne (Diversifikationskonzerne, Konglomerate oder anorganische Konzerne) sind Konzerne, bei denen sich Unternehmen aus verschiedenen Branchen zusammenschließen. Gründe hierfür sind u.a. Risikodiversifikation, Liquiditätsausgleich und Verbesserung der Unternehmensleitung.[305]

Cash-Pooling

Dadurch, dass Gesellschaften innerhalb eines Konzerns häufig unterschiedlich entwickelt sind bzw. einen unterschiedlichen wirtschaftlichen Stand haben, kann es vorkommen, dass einige Konzerngesellschaften einen Liquiditätsüberschuss haben, während bei den anderen Liquiditätsbedarf besteht. Bei den erstgenannten Gesellschaften wird das überschüssige Geld zu niedrigen Zinsen angelegt. Die anderen hingegen beziehen hoch verzinste Darlehen von Fremdkapitalgebern. Um einen Ausgleich dieser Disparität im Konzern zu schaffen, entwickelte man sogenannte „Cash-Pooling-Systeme." Dabei handelt es sich um ein international gebräuchliches Steuerungsinstrument, das über das Cash Management[306] der Obergesellschaft abgewickelt wird. Dadurch soll eine Optimierung aller verfügbaren Mittel des Konzerns erreicht werden. Durch die Zusammenfassung aller zur Verfügung stehenden Salden der Unternehmensgruppen auf einem einzigen Konto kann erreicht werden, dass Überschüsse, die bei einer isolierten Behandlung der Gesellschaften einer bestimmten Anlageform wegen des Nichterreichens der geforderten Größenordnung nicht zugänglich wären, zinsgünstiger eingesetzt werden können. Der Liquiditätsbedarf der Gesellschaften insgesamt kann gedeckt sein, auch wenn einige Gesellschaften des Konzerns einen negativen Saldo aufweisen. Die Aufnahme eines Darlehens muss somit nicht erforderlich sein bzw. kann dieses in einer geringeren

---

[304] Vgl. Opresnik/ Rennhak (2015), S. 64.
[305] Vgl. Wöhe/ Döring (2013), S. 255.
[306] Das Cash Management umfasst alle Maßnahmen der kurzfristigen Finanzdisposition im Unternehmen. Dazu zählen alle Maßnahmen und Aufgaben, die die Liquidität im Unternehmen sichern und eine möglichst hohe Effizienz im Liquiditätsmanagement erreichen sollen. Durch die Liquiditätsplanung, -disposition und -kontrolle soll das finanzielle Gleichgewicht und die Zahlungsfähigkeit des Unternehmens sichergestellt und aufrechterhalten werden. Vgl. Gabler Wirtschaftslexikon (2016a).

Höhe aufgenommen werden. Ferner ist es möglich, durch eine gebündelte Nachfrage bei Banken günstigere Darlehensbedingungen zu verhandeln, als dies einer einzelnen Gesellschaft möglich wäre. Durch die zentrale Abwicklung der Finanzierung können Verwaltungskosten reduziert und die Liquiditätsplanung und -disposition erleichtert werden.

Bei einem Cash-Pooling System werden die Salden der einzelnen Konten der Konzerntöchter am Ende des Tages automatisch auf einem zentralen Bankkonto – dem Cash-Pool – zusammengeführt und von dort verwaltet. Dadurch kann die Konzernmutter den Konzerntöchtern Kredite zur Deckung von Liquiditätslücken offerieren. Im Gegenzug haben die Tochterunternehmen Rückzahlungsansprüche gegen den Mutterkonzern. Vorteile des Cash-Poolings sind neben der Liquiditässteuerung der Konzerngesellschaften insbesondere die Zinsoptimierung und die Vermeidung externer Geldquellen, wie bspw. teure Kontokorrentkredite.[307]

5.2 Allgemeine Vorgehensweise bei der Geldwäscheprävention in Konzernen

Wie ein konzernweites CMS konkret ausgestaltet wird, liegt im Organisationsermessen der Konzernleitung. Diese muss die im Konzern bestehende Risikolage berücksichtigen und das CMS in seiner Organisationsstruktur der Konzernorganisation und ihren Geschäftsprozessen anpassen. Die internationale Positionierung und das geltende Recht des Landes der jeweiligen Tochtergesellschaften muss dabei ebenfalls beachtet werden. Bei Gesellschaften mit Sitz in Drittstaaten existiert ein gesteigertes Geldwäscherisiko, wenn kein vergleichbares Aufsichtsniveau besteht.

Die Umsetzung der Maßnahmen hängt von der Organisationsform des Konzerns ab. Eine **zentrale Organisationsform** der Compliance-Verantwortlichkeit bedeutet, dass für jedes Tochterunternehmen einheitliche Vorgaben gelten. Diese Organisationsform bietet sich an, wenn es keine länderspezifischen Besonderheiten gibt. Vorteil dieser Form ist, dass alle Maßnahmen an zentraler Stelle organisiert werden und eine Umsetzung in jeder Gesellschaft schneller erfolgen kann. Des Weiteren wird eine konzernweite gleiche Unternehmenskultur gefördert. Da Konzerne jedoch häufig international vertreten sind, müssen in der Regel länderspezifische Besonderheiten, unterschiedliche rechtliche Vorgaben und kulturelle Unterschiede berücksichtigt werden. Für horizontale Konzerne ist diese Organisationsform geeignet, da die Tochterunternehmen gleiche Geschäftsstrukturen haben. Sofern die Tochtergesellschaften jedoch ihren Standort in verschiedenen Ländern haben und unterschiedliche kulturelle Ansichten vertreten, ist die zentrale Organisationsform mit Herausforderungen verbunden. Die Schwierigkeit be-

---

[307] Vgl. Pentz/ Sollanek (2005), S. 9 ff.

steht darin, in den Tochtergesellschaften eindeutige, verbindliche auf das Unternehmen abgestimmte Aussagen zu treffen, sodass eine Akzeptanz der Mitarbeiter erreicht werden kann.

Bei einer **dezentralen Organisationsform** werden lokale Verantwortliche bestimmt, die die zentralen Vorgaben unter Berücksichtigung von lokalen und kulturellen Besonderheiten in den jeweiligen Tochtergesellschaften umsetzen. Diese Verantwortlichen sollten einem hauptverantwortlichen CCO des Mutterkonzerns unterstellt sein und an diesen berichten, damit die Geschäftsführung auf diese Weise den Überblick behält und bei Interessenkonflikten eingreifen kann. Für einen vertikalen Konzern kann diese Organisationsform sinnvoll sein, da die Tochterunternehmen häufig in verschiedenen Ländern verteilt sind und unterschiedliche Geschäftsmodelle haben. Dementsprechend sind für jedes Tochterunternehmen unterschiedliche Maßnahmen zu treffen.

Eine weitere Alternative ist die **Kombination aus einer zentralen und dezentralen Organisationsform**. Diese Form bietet sich insbesondere bei international tätigen Konzernen an, da nationale Besonderheiten einbezogen werden können. Es sollte ebenfalls ein zentraler Ansprechpartner für alle lokalen CCOs zur Berichterstattung und für Fragen zur Verfügung stehen. Von dort können die zentralen Vorgaben koordiniert und gesteuert werden, bevor sie in den Tochtergesellschaften an lokale Gegebenheiten angepasst werden. Viele Mischkonzerne implementieren eine solche Organisationsform, da mit dieser die unterschiedlichen Geschäftsmodelle, kulturellen Unterschiede und nationale Regulierungen berücksichtigt werden können.

Eine einheitliche Vorgehensweise bei der Geldwäscheprävention für unterschiedliche Konzernstrukturen gibt es nicht, da konzernspezifische Risiken und Umstände berücksichtigt werden müssen. Dennoch lassen sich einige Maßnahmen identifizieren, die für alle gelten. Zunächst müssen die Geschäftsbereiche des jeweiligen Konzerns bestimmt werden. Ausgehend von diesen kann man individuelle Risikoszenarien ableiten. Nach Prüfung möglicher Risiken werden angemessene Maßnahmen entwickelt.

Das Geldwäschegesetz verlangt von den Unternehmen bestimmte Sorgfaltspflichten im Umgang mit Vertragspartnern und verpflichtet sie zu organisatorischen (betriebsinternen) Sicherungsmaßnahmen. Geldwäschevorgänge sind häufig nicht als solche erkennbar, da sie sich nicht ohne weiteres von alltäglichen Geschäften und Transaktionen unterscheiden lassen. Bei der Aufdeckung von Geldwäscheaktivitäten im Konzernverbund kommt erschwerend hinzu, dass diese oftmals grenzüberschreitend geschehen. Die EU-Geldwäscherichtlinien beinhalten zwar einheitliche Vorgaben, bei der Umsetzung haben die Staaten jedoch individuelle Freiheiten (z.B. Einführung von Bargeldschwellen). Auch die Empfehlungen der FATF richten sich an

Staaten auf der ganzen Welt. Dennoch gibt es einzelne Länder, die sich nicht vollständig an den vorgegebenen Richtlinien und Standards orientieren.

Um Geldwäsche sowie damit verbundene Strafen und Bußgelder generell zu vermeiden, ist es notwendig, verschiedene Präventionsmaßnahmen zu schaffen, die die Mitarbeiter einhalten müssen.

Im ersten Schritt sollten Konzerne eine Risikoanalyse im jeweiligen Unternehmen durchführen. Es empfiehlt sich, die Risikoanalyse in das Risk Assessment des CMS zur Ausgestaltung des Grundelements Compliance-Risiko einzubinden. Bei der Durchführung der Geldwäsche-Risikoanalyse sollten ebenfalls geldwäschenahe Risiken wie Korruption, Betrug und Untreue betrachtet werden. Die Vorgehensweise eines Risk Assessments wurde in Kapitel 4.3 erläutert. Die Ergebnisse der Risikoanalyse müssen in zentral festgelegte Risikokriterien für die einzelnen Konzerneinheiten eingearbeitet werden. Es können auch innerhalb eines Konzerns einzelne Bereiche mit hohem, andere mit mittlerem, wieder andere mit geringem Risiko bewertet werden. Zu berücksichtigen sind dabei u.a. Umsatz, Größe, Rechtsform, länderspezifische Risiken und die Struktur des Konzerns. Weiterhin müssen Informationen über die Kunden-, Vertriebs- und Produktstruktur gesammelt werden. Es muss bspw. geklärt werden, ob es sich um Stammkundschaft, Laufkundschaft, Wiederverkäufer oder Onlinegeschäfte handelt. Auch die Herkunftsländer der Kunden sollten beachtet werden. Horizontale Konzerne haben in der Regel eine einheitliche Kundenstruktur, da sie eine ähnliche Produktpalette anbieten. Die Tochtergesellschaften von Mischkonzernen und vertikalen Konzerne hingegen haben aufgrund ihrer unterschiedlichen Produkte auch einen unterschiedlichen Absatzmarkt und müssen dementsprechend andere Maßnahmen ergreifen.

Im nächsten Schritt müssen aus der Risikosituation des Konzerns bzw. der Konzerngesellschaft konkrete und dem individuellen Risiko des Konzerns entsprechende Maßnahmen entwickelt, eingeführt und regelmäßig aktualisiert werden. Dazu zählen angemessene Sicherungsmaßnahmen gem. § 9 GwG und Maßnahmen zur Erfüllung der kundenbezogenen Pflichten gem. §§ 3 ff. GwG. Zu den Sicherungsmaßnahmen zählen u.a. die Bestellung eines Geldwäschebeauftragten, Mitarbeiterschulungen oder Geschäfts- und kundenbezogene Sicherungssysteme je nach Geschäftstätigkeit.

Im Falle des Vorliegens von Auslösetatbeständen[308] müssen die in § 3 GwG genannten Sorgfaltspflichten eingehalten werden. Dazu zählen u.a. die Identifizierung des Vertragspartners

---

[308] Mehr zum Thema Auslösetatbestände s. Kapitel 2.1.

und, falls vorhanden, des wirtschaftlich Berechtigten, das Sammeln von Informationen über die Geschäftsbeziehung sowie die kontinuierliche Überwachung dieser. Zu den sonstigen Pflichten zählen die Aufzeichnung und Aufbewahrung der im Kundenannahmeprozess und bei Überwachungshandlungen erhaltene Informationen und Unterlagen,[309] Verdachtsmeldung bei Gegebenheiten,[310] die auf eine Tat hindeuten und die eventuelle Beendigungspflicht, sofern bestimmte kundenbezogene Pflichten nicht erfüllbar sind.[311] Bei der Beachtung der Sorgfalts-pflichten gibt es konzernweite Unterschiede. Gesellschaften eines horizontalen Konzerns ha-ben normalerweise ähnliche oder gleiche Abnehmer und gleiche Händler, von denen sie Pro-dukte beziehen. Dieses Synergiepotential kann bspw. bei Schulungen zu den Sorgfaltspflichten ausgenutzt werden. Es können einheitliche Regelungen und Maßnahmen erarbeitet und in-nerhalb der Konzerntöchter angewandt werden. Die Ausarbeitung bei vertikalen Konzernen und Mischkonzernen gestaltet sich aufwändiger, da die Tochtergesellschaften unterschiedliche Kunden und Händler haben. Aus diesem Grund müssen auch verschiedene Verfahrensweisen berücksichtigt werden.

Die internen Sicherungsmaßnahmen wurden im Zuge der Änderung des Geldwäschegesetzes teilweise stark ausgeweitet.[312] Die Verpflichteten können bei der Umsetzung der Maßnahmen auch auf Dritte zurückgreifen.[313] Es bietet sich an, diese im Rahmen des Compliance-Programms in das CMS zu integrieren und Vorkehrungen zur Geldwäscheprävention einzurich-ten. Wie ein Compliance-Programm in der Praxis aufgebaut sein könnte, wurde in Abbildung 8 gezeigt. Zu den wichtigsten allgemeinen internen Sicherungsmaßnahmen zählen die nachfol-gend beschriebenen.

Unterrichtung der Mitarbeiter

Die Empfehlungen der FATF sehen fortlaufende Schulungsprogramme für Mitarbeiter vor, um das Problembewusstsein seitens der Verpflichteten zu stärken. Es wird empfohlen, nicht nur die Beschäftigten, die direkt mit der Durchführung von Transaktionen befasst sind zu unter-richten, sondern alle Beschäftigten, die in potentiellen geldwäscherelevanten Geschäftsberei-chen tätig sind.[314] In Kapitel 4.6 wurden die wichtigsten Grundpfeiler erfolgreicher Compliance-Kommunikation erörtert. Im Rahmen der Compliance-Kommunikation müssen Mitarbeiter u.a. über Typologien und aktuelle Geldwäschemethoden informiert werden. Des Weiteren sollten

---

[309] Vgl. § 8 GwG.
[310] Vgl. § 11 GwG.
[311] Vgl. § 3 Abs. 6 GwG.
[312] Vgl. § 9 GwG.
[313] Vgl. § 7 GwG.
[314] Vgl. Entwurf eines Gesetztes zur Optimierung der Geldwäscheprävention, S. 33 f.

ihnen Maßnahmen bekannt sein, die zur Verhinderung von Geldwäsche beitragen. Dazu zählt insbesondere auch die Überprüfung von neuen Kunden und bestehenden Geschäftsbeziehungen. Bei neuen Geschäftsbeziehungen muss auch die Vertragspartnerart überprüft werden, um die Kunden ggf. in verschiedene Risikogruppen einstufen zu können. PePs werden z.B. häufig mit einem höheren Risiko eingestuft. Nachfolgend sollen nochmal die wichtigsten Punkte zusammengefasst werden, die bei der Unterrichtung der Mitarbeiter beachtet werden sollten.

Bereits bei der Einstellung neuer Mitarbeiter müssen klare Grundregeln festgelegt werden. Den Mitarbeitern muss von Anfang an bewusst sein, dass man sich im jeweiligen Unternehmen an gewisse Richtlinien halten muss. Es bietet sich an, einen konzernweit geltenden Compliance-Kodex einzuführen, der die Verhinderung von Geldwäsche umfasst. Es müssen allgemeine Handlungsanweisungen und Regelungen mit festgelegten Zuständigkeiten existieren. Der Umgang mit Verdachtsfällen muss den Beschäftigten bekannt sein.

In einem regelmäßigen Prozess sollten die Mitarbeiter über geldwäscherelevanten Themen informiert und geschult werden. Wenn es zu aktuellen Geldwäschevorfällen in der Firma kommt, ist es notwendig, diese zu analysieren und die Mitarbeiter darüber zu informieren. In einigen Fällen sind sich Mitarbeiter eventuell nicht bewusst, dass sie unrechtmäßig handeln. Sofern sie nicht über Anpassungen der Sorgfaltspflichten informiert werden und nicht wissen, dass zukünftig bspw. eine Absenkung der Identifizierungsschwelle bei Barzahlungen von derzeit 15.000 Euro auf dann 10.000 Euro im Bereich des Güterhandels geplant ist, kann es schnell zu Fehlern kommen. Deswegen bietet es sich insbesondere bei aktuellen Gesetzesanpassungen an, die Schulungsinhalte ebenfalls zu aktualisieren. Je nach Risikolage können die Schulungsmaßnahmen innerhalb eines Konzerns differenziert werden. Aus diesem Grund werden Geschäftsbeziehungen und Transaktionen in verschiedene Risikogruppen eingeteilt, um den Einsatz zu organisieren und die Maßnahmen Geschäftsbereichs- und Gesellschaftsspezifisch zu implementieren.

Art und Umfang von Schulungen zu planen, erfordert eine umfassende Konzeption. Bei der Ausgestaltung der Schulungsprogramme und der Teilnahmefrequenz müssen Faktoren wie die individuelle Risikosituation des Konzerns, die Berührungspunkte des einzelnen Mitarbeiters mit den Geschäftsanbahnungen und Transaktionen sowie Änderungen der Gesetzeslage oder das Bekanntwerden neuer Geldwäschetechniken berücksichtigt werden. Die Entwicklung eines risikobasierten Schulungskonzepts kann verhindern, dass in diesem Prozess zu hohe Kosten entstehen.

Dabei sind Faktoren wie Inhalte, Methoden, Medien als auch Mitarbeiter mit ihren Fähigkeiten und Bedürfnissen zu berücksichtigen. Die Schulungskonzepte müssen von Anfang an regelmäßig unter Berücksichtigung der Risikoaspekte weiterentwickelt und Schulungsmaßnahmen angepasst werden. Dabei können webbasierte Trainingsprogramme sowie verpflichtende Präsenzveranstaltungen eingeführt werden. Um Kosten und Zeitaufwand zu sparen, ist es empfehlenswert, die Mitarbeiter in verschiedene Risikogruppen einzuteilen. Mitarbeiter mit Compliance- und geldwäscherelevanten Funktionen oder direktem Kontakt zum Endkunden bedürfen andere Trainings als Mitarbeiter, die nur konzerninterne Transaktionen durchführen. Geschult werden sollten alle Mitarbeiter, die aus organisatorischer Sicht Berührungspunkte zum Geldwäschegesetz haben. Für die Unternehmensleitung empfiehlt es sich, genau zu dokumentieren, welche Mitarbeiter wann mit welchem Inhalt geschult worden sind.

Für Tochterunternehmen eines vertikalen Konzerns mit unterschiedlichen Geschäftsmodellen und Kundenstrukturen müssen unterschiedliche Schulungstiefen mit verschiedenen Schwerpunkten entwickelt werden. Mitarbeiter der operativen Bereiche mit direktem Kundenkontakt sollten umfassend und entsprechend ihrem Risiko geschult werden. Praxisnahe Trainings bieten sich an, in denen bspw. Risikoszenarien durchgespielt und analysiert werden. Falls möglich, sollten die Schulungen sinnvollerweise mit kleinen Einheiten bzw. aufgabenorientiert durchgeführt werden. Je kleiner die Gruppe und je fachspezifischer die Auswahl der zu schulenden Beschäftigten ist, desto größer ist der Lernerfolg. Mitarbeiter, die nicht so viele Berührungspunkte zu geldwäscherelevanten Aufgaben haben, können durch weniger aufwändige Mittel wie Newsletter und Merkblätter für die Thematik sensibilisiert werden.

Da die Tochterunternehmen eines horizontalen Konzerns gleiche Geschäftsmodelle und eine gleiche Kundenstruktur haben, können die entwickelten Schulungsmaßnahmen für alle Konzerntöchter einheitlich verwendet werden, wodurch der Ressourcenaufwand gering gehalten wird. Sofern bspw. Aktualisierungen der Schulungsunterlagen vorgenommen werden müssen, betrifft das alle Tochterunternehmen gleichermaßen, sodass der Arbeitsaufwand aufgeteilt und von den Synergieeffekten profitiert werden kann.

Bei einem Mischkonzern ist es ähnlich wie bei einem vertikalen Konzern. Durch Tätigkeiten in unterschiedlichen Branchen mit unterschiedlichen Kunden bedarf es auch differenzierter Schulungsschwerpunkte. Das Basiswissen und wesentliche Regelungen können konzernweit einheitlich vermittelt werden. Bei spezifischen Themen müssen die Konzerne jedoch individuelle Praktiken bestimmen. Erschwerend kommt hinzu, wenn die Tochtergesellschaften in unterschiedlichen Ländern tätig sind. Dementsprechend müssen die zentralen Vorgaben in die jeweiligen Sprachen und Kulturen übersetzt werden.

Alle Schulungsmaßnahmen sollten durch schriftliche Informationen unterstützt werden. Diese Informationen müssen anlassbezogen verteilt und regelmäßig aktualisiert werden.

Prüfung der Zuverlässigkeit der Beschäftigten

Durch die Zuverlässigkeitsprüfung der Beschäftigten mittels geeigneter und risikoangemessener Maßnahmen soll gewährleistet werden, dass Unternehmen nicht durch kriminelle Mittelsmänner unterwandert werden. Zuverlässig nach dem GwG ist, *„wer die Gewähr dafür bietet, dass die Pflichten nach diesem Gesetz, sonstige geldwäscherechtliche Pflichten und die beim Verpflichteten eingeführten Grundsätze, Verfahren, Kontrollen und Verhaltensrichtlinien zur Verhinderung der Geldwäsche und Terrorismusfinanzierung sorgfältig beachtet, Tatsachen im Sinne des § 11 Absatz 1 dem Vorgesetzten oder Geldwäschebeauftragten, soweit ein solcher bestellt ist, meldet und sich nicht selbst an zweifelhaften Transaktionen oder Geschäften aktiv oder passiv beteiligt."*[315]

Rechtskonformes Verhalten im gesamten Konzern bedarf Sensibilisierung für das Thema Geldwäsche und Awareness für kritische Situationen in arbeitsalltäglichen Situationen. Dies erfordert konkretes Handlungswissen und eine funktionierende Compliance-Kultur, die von allen Beschäftigten akzeptiert und gelebt wird.[316] Voraussetzung für eine einheitliche Compliance-Kultur ist die Überzeugung aller Mitarbeiter von der Relevanz und dem Ertrag eines normkonformen Verhaltens.

Um sicherzustellen, dass das CMS einwandfrei etabliert ist und die angeordneten Maßnahmen umgesetzt werden, stellt die Compliance-Überwachung ein weiteres wesentliches Grundelement dar.[317]

Beim Einstellungsprozess sollte sich das jeweilige Unternehmen bereits über die einzustellenden Mitarbeiter gründlich informieren. Dazu können vorab Nachforschungen angestellt oder Informationen bei ehemaligen Vorgesetzten eingeholt werden.

Im Rahmen der Compliance-Überwachung und Verbesserung muss die Zuverlässigkeit der Beschäftigten überprüft werden, um sicherzustellen, dass geldwäscherechtliche Pflichten und die eingeführten Grundsätze, Verfahren, Kontrollen und Verhaltensrichtlinien zur Verhinderung

---

[315] § 9 Abs. 2 Nr. 4.
[316] Mehr zum Thema Compliance-Kultur s. Kapitel 4.1.
[317] Mehr zum Thema Compliance-Überwachung s. Kapitel 4.7.

der Geldwäsche sorgfältig beachtet werden. Dazu bieten sich u.a. Mitarbeiterbefragungen an. Das Einführen von konzernweiten Hinweisgebersystemen kann sich u.U. als schwierig erweisen. Durch regionale Unterschiede existieren verschiedene Unternehmenskulturen und unterschiedliche Rechtssysteme (hinsichtlich Datenschutz und Arbeitsrecht). Aus diesem Grund müssen teilweise entsprechende zusätzliche lokale Regelungen hinzugefügt und in international agierenden Konzernen z.B. zentrale Richtlinien hinsichtlich verschiedener Sorgfaltspflichten vorgegeben werden.

Um dabei möglichst ressourcenschonend vorzugehen, kann ein risikobasierter Prozess hinsichtlich Kontrolldichte und Kontrollinstrumente entwickelt werden. Dazu müssen die verschiedenen Risikosituationen analysiert und abgewogen werden. Regelmäßige automatisierte Überwachungen benötigen weniger Ressourcen als die Durchführung von personenbezogenen Stichproben. Hier bietet es sich wieder an, die Mitarbeiter risikobasiert in repräsentative Gruppen einzuteilen, um den Aufwand gering zu halten. Bei einem horizontalen Konzern können die Ergebnisse häufig auf die ähnlich strukturieren anderen Tochtergesellschaften übertragen werden. Bei vertikalen Konzernen und Mischkonzernen kann dies weniger leicht umgesetzt werden, da die Tochterunternehmen unterschiedliche Geschäftsstrukturen haben.

Der Umfang der Stichprobe sowie die Häufigkeit der Durchführung müssen berücksichtigt werden. Eine Zuverlässigkeit der Aussagen muss dennoch über den gesamten Überwachungszeitraum gewährleistet sein, um letztendlich einen Nutzen des Aufwands zu erhalten. Herausforderungen für Unternehmen mit Kapazitätsproblemen oder Technologiemängeln ergeben sich dadurch, dass nur eine unzureichende Qualitätskontrolle durchgeführt werden kann und daher nicht alle Risiken entdeckt oder minimiert werden können. Gerade für diese Unternehmen ist es von großer Bedeutung, klare Verantwortlichkeiten zu definieren und eine transparente Aufgabenverteilung vorzunehmen.

Bestellung eines Geldwäschebeauftragten

Konzerne können mit der Bestellung bzw. freiwilligen Ernennung eines Geldwäschebeauftragten[318] eine Basis für einen effizienten Aufbau von Abwehrmaßnahmen zur Umsetzung des Geldwäschegesetzes legen. Verstöße gegen geldwäscherechtliche Anforderungen können verhindert werden, wenn klare Zuständigkeitsregelungen vorhanden sind. Insbesondere für Un-

---

[318] Mehr zum Thema Geldwäschebeauftragter s. Kapitel 2.1.

ternehmen, die nicht über ausreichend personelle Ressourcen verfügen, sich dem Thema angemessen zu widmen, ist eine Auslagerung auf geeignete Dritte empfehlenswert.

Mit der Bestellung eines Geldwäschebeauftragten können homogene Strukturen geschaffen werden. In der Regel legt er einheitliche Regelungen zur Umsetzung der gesetzlichen Sorgfaltspflichten im Konzern und dessen Tochtergesellschaften fest und schult die jeweiligen Mitarbeiter im Umgang mit diesen internen Anweisungen. Des Weiteren ist er zentraler Ansprechpartner für alle themenbezogenen Fragen der Mitarbeiter. Verstöße gegen die gesetzlichen Regelungen können durch diese Maßnahmen bedeutsam reduziert werden.

Dabei muss berücksichtigt werden, dass eine Verlagerung der Aufgaben auf externe Experten je nach Konzernstruktur, Unternehmensgröße und verfügbaren Kapital nicht immer möglich ist. In dem Fall ist es dennoch notwendig, eine zentrale Zuständigkeit für Compliance bzw. das Thema Geldwäscheprävention auf Leitungsebene des Konzerns zu bestimmen, die direkt an die Konzernmutter berichten kann. So können die lokalen CCOs die nationalen und geschäftsbezogenen Bedürfnisse berücksichtigen.

Um mögliche Verdachtsfälle frühzeitig zu erkennen und Risiken zu bestimmen, bieten sich neben den oben genannten Sicherungsmaßnahmen weitere interne und externe Quellen an. Neben Publikationen der Allgemeinen Presse und Veröffentlichungen der Aufsichtsbehörden, können auch konzerninternes Erfahrungswissen und Vorkommnisse ausgetauscht werden. Des Weiteren bietet sich die Verbreitung von Institutionen bereitgestellten Typologiepapieren und Informationsblättern an. Die Zentralstelle für Verdachtsmeldungen (FIU) veröffentlicht regelmäßig Informationsblätter und Meldungen zur OK und Geldwäscheaktivitäten. Dazu zählt auch das im Mai 2014 veröffentliche Anhaltspunktepapier,[319] das eine Auflistung möglicher Anhaltspunkte, die auf Geldwäsche gemäß § 261 StGB hindeuten können, beinhaltet. Das Anhaltspunktepapier dient der Sensibilisierung der nach dem GwG Verpflichteten und soll sie dabei unterstützen, möglichen Missbrauch ihrer Waren und Dienstleistungen zu Geldwäsche frühzeitig zu erkennen. Nicht jeder von der FIU genannter Anhaltspunkt muss jedoch ein Indikator für Geldwäsche sein. Es ist möglich, dass plausible Erklärungen für das Verhalten vorliegen. Wenn bereits langjährige Geschäftsbeziehungen mit Kunden bestehen und bisher keine negativen Erfahrungen gemacht wurden, ist es wahrscheinlich, dass das Verhalten nicht hinterfragt wird oder werden muss. Um dennoch sicherzugehen, dass das Kundenverhalten ordnungsgemäß ist, sollten verschiedene Schritte seitens der Verpflichteten getätigt werden. Durch die Berücksichtigung der vom FIU genannten Anhaltspunkte kann sichergestellt werden, dass bekannte

---

[319] Vgl. Bundeskriminalamt (2014a).

Geldwäschetechniken frühzeitig erkannt und Geldwäschedelikte verhindert werden. Eine weitere Voraussetzung ist die Anwendung des Know-your-customer-Prinzips (= Kenne Deinen Kunden), also die Prüfung von persönlichen Daten und Geschäftsdaten von Neukunden.[320] Zusätzlich können Recherchen innerhalb der von der FATF regelmäßig publizierten Typologiepapiere und Rundschreiben Hinweise liefern. Diese beinhalten ergänzende Anhaltspunkte und illustrierende Fallkonstellationen und stellen u.a. Informationen über Risikoländer zur Verfügung. Grundsätzlich kann man festhalten, je mehr Anhaltspunkte und Hinweise zutreffen, desto höher ist das Risiko, dass tatsächlich eine Geldwäschehandlung vorliegt. Sollte es zu einem solchen Verdachtsfall kommen, ist seitens der Verpflichteten zum Nachweis eine Prüfung vorzunehmen, zu dokumentieren und zu melden.

Implementierung im CMS

Zu den betriebsinternen Sicherungsmaßnahmen zählt u.a. ein funktionsfähiges CMS. Die Implementierung der oben genannten Maßnahmen in ein CMS soll anhand der Abbildung 10 erläutert werden. Die Abbildung stellt wesentliche Schritte eines Compliance-Programms dar und stützt sich auf die drei Säulen "Informieren & Beraten", "Identifizieren" und "Berichten & Handeln." Im Folgenden wird erklärt, wie anhand dieser drei Schritte, Maßnahmen zur Geldwäscheprävention im Unternehmen implementiert werden können. Grundlage des Programms bildet die Compliance-Kultur und mit ihr der Tone from the Top, das Compliance-Commitment sowie die Compliance-Verantwortung.

---

[320] Vgl. Bezirksregierung Arnsberg (2015), S. 1.

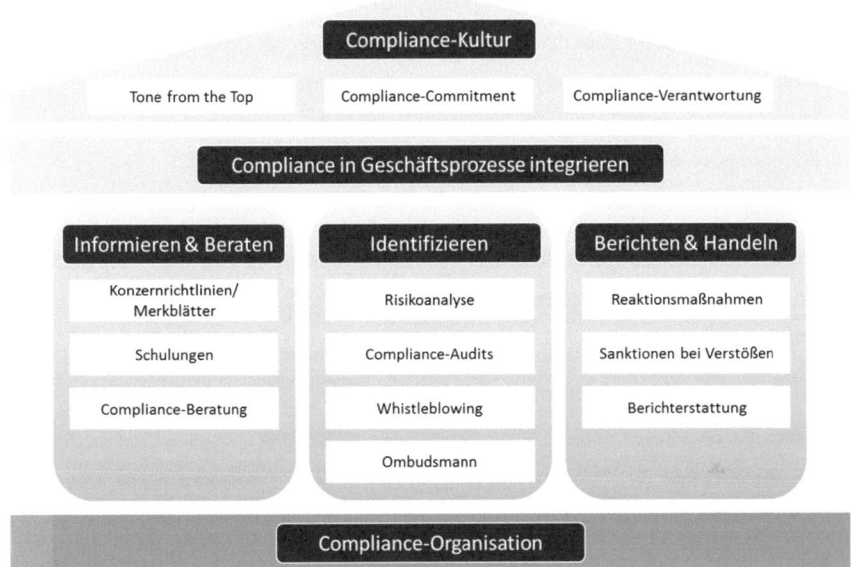

Abbildung 10: Implementierung der Maßnahmen im CMS
Quelle: in Anlehnung an thyssenkrupp AG (2016b).

1. Informieren & Beraten

Eine entscheidende Maßnahme, die im Rahmen der ersten Säule getroffen werden sollte, ist der Erlass einer Konzerngeldwäscherichtlinie. Vorhandene Richtlinien sollten kontinuierlich ergänzt werden, wenn Prozesse (z.B. Geschäftspartnerprüfungsprozess) angepasst werden oder zur Berücksichtigung geldwäscherechtlicher Spezifika.

Die bereits erwähnten Mitarbeiterschulungen, in denen die Mitarbeiter über die Compliance-Anforderungen und Risiken im Bereich Geldwäscheprävention sowie mögliche Sanktionen unterrichtet werden, sind ebenfalls zentraler Bestandteil dieser Säule. Die Schulungen können differenziert, je nach Geschäftsbereich und Risikogeneigtheit der Tätigkeit durchgeführt werden.

Im Rahmen der Compliance Beratung können je nach Geschäftsbereich und -situation des Konzerns Konzerngeldwäschebeauftragte und -experten zur Unterstützung der Konzerngesellschaften eingestellt werden. Diese können wesentliche Geschäftsvorgänge begleiten und bei der Integration von Compliance in die Geschäftsprozesse beraten.

2. Identifizieren

Die Durchführung einer konzernweiten Analyse der Geldwäscherisiken und weiterer Compliance-Risiken bildet die Basis für die strategische Ausrichtung des Compliance-Programms. Die in der Konzerngefährdungsanalyse identifizierten Risiken ermöglichen die Ableitung individueller Maßnahmen zur Risikominimierung. Dazu werden Risikoszenarien entwickelt, die dann z.B. in Workshops mit den Mitarbeitern durchgespielt und erörtert werden.

Ein weiterer Bestandteil der zweiten Säule ist die regelmäßige Überprüfung kritischer Geschäftsaktivitäten und die Durchführung von Compliance-Audits durch einen Geldwäschebeauftragten oder -experten. Möglich ist auch die Prüfung der Geldwäsche-Compliance durch die Interne Revision.

Ein Whistleblower-System kann als weiteres Element der zweiten Säule dazu beitragen, Compliance-Risiken zu identifizieren. Durch dieses können Mitarbeiter anonym Hinweise auf mögliche Gesetzes- oder Richtlinienverstöße melden. Zudem kann ein Ombudsmann bestimmt werden, der ebenfalls entsprechende Hinweise der Beschäftigten entgegennimmt.

3. Berichten & Handeln

Im Rahmen der dritten Säule bietet es sich an, Standardprozesse für Compliance Verstöße zu etablieren. Dabei sollte es einen festgelegten Verdachtsmeldungsprozess geben und Verstöße gegen geldwäscherechtliche Vorgaben konsequent auf Basis definierter Prozesse sanktioniert werden. Für eine intensive Berichterstattung sollte ein regelmäßiger (Konzern-) Geldwäschebericht und Prüfbericht der Internen Revision erstellt werden.

Die Darstellung dient als Orientierung dafür, wie ein Konzern sein Compliance-Programm aufbauen kann. Je nach Konzernstruktur muss entschieden werden, ob diese Regelungen konzernweit gelten sollen oder ob die Tochterunternehmen Entscheidungsspielräume bei der Umsetzung haben.

Die Ausgestaltung der internen Sicherungsmaßnahmen ist von zahlreichen Faktoren abhängig. Die oben genannten Sicherungsvorkehrungen sollten von allen Verpflichteten berücksichtigt werden. Welche Schwerpunkte sich für eine jeweilige Konzernstruktur anbieten, wird im nächsten Kapitel anhand verschiedener Risikoszenarien behandelt.

5.3   Risikoszenarien

Im letzten Kapitel wurden allgemeine Maßnahmen beschrieben, die Konzerne ergreifen, um sich auf Geldwäscheaktivitäten vorzubereiten und sich davor schützen zu können. Die Ausgestaltung der internen Sicherungsmaßnahmen kann sich in den oben genannten Konzernen unterschiedlich gestalten. In den folgenden Abschnitten werden Risikoszenarien innerhalb verschiedener Konzernstrukturen analysiert und mögliche Maßnahmen erörtert.

5.3.1 Risikoszenario in einem vertikalen Konzern

Ein beispielhafter **vertikaler Konzern** besteht aus einem Rohstofflieferanten, einem Erzeuger, einem Großhändler und einem Einzelhändler. Im Folgenden wird der Großhändler außen vorgelassen und davon ausgegangen, dass der Einzelhandel die letzte Wertschöpfungsstufe bildet. Der vertikale Konzern ist dadurch gekennzeichnet, dass benötigte Produkte und Leistungen selbst erbracht und hergestellt werden. Es müssen also keine zusätzlichen Produkte von externen Anbietern gekauft werden. Der Produktfluss strömt vom Rohstofflieferanten über den Erzeuger zum Einzelhandel, während der Geldfluss in die entgegengesetzte Richtung vom Einzelhandel über den Erzeuger zum Rohstofflieferanten strömt.

Der Einzelhandel bildet die letzte Wertschöpfungsstufe des Konzerns. An dieser Stelle gelangt Geld von außerhalb in das Unternehmen. Folglich ist hier das Risiko am höchsten, dass inkriminiertes Geld in das Unternehmen fließt. Dadurch, dass die Unternehmen in vor- bzw. nachgelagerten Stufen arbeiten, hat der Prozess Auswirkungen auf den gesamten Konzern. Der Geldfluss zieht sich von der letzten Wertschöpfungsstufe bis hin zur ersten Wertschöpfungsstufe (in dem Fall bis hin zum Rohstofflieferanten) und infiltriert den gesamten Konzern. Der Erzeuger beliefert den Einzelhandel (bspw. Tankstelle) und erhält von diesem Geld für die Produkte. Da der Erzeuger keine sonstigen externen Abnehmer hat, besteht an dieser Stelle kein Risiko für das Unternehmen, dass inkriminiertes Geld von außerhalb in das Unternehmen gelangt. Der Rohstofflieferant (bspw. Bohrplattform) ist das erste Glied der Kette und beliefert den Erzeuger (bspw. Raffinerie), von dem er bezahlt wird. An dieser Stelle kann ebenfalls kein illegal erwirtschaftetes Geld von extern in das Unternehmen fließen, da der Rohstofflieferant keine weiteren Kunden hat (Abbildung 11).

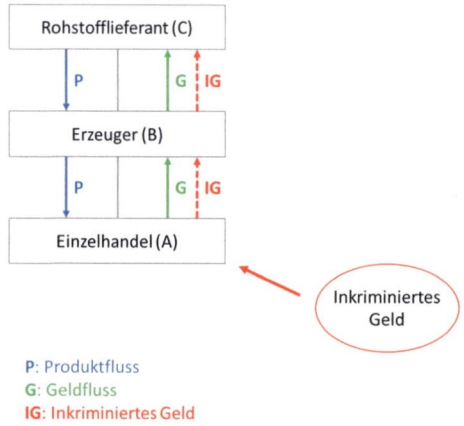

P: Produktfluss
G: Geldfluss
IG: Inkriminiertes Geld

Abbildung 11: Vertikaler Konzern
Quelle: eigene Darstellung (2016).

Risikoszenario 1

Kunde K tätigt eine große Bestellung aus dem Ausland von hochpreisigen Produkten des Unternehmens A. Kurze Zeit später storniert er die vorab gebuchten Waren. Die Anzahlung abzüglich der Stornogebühr soll auf ein anderes Konto überwiesen werden.

Das von K überwiesene Geld stammt aus Drogengeschäften. Durch Zahlung der bestellten Waren gelangt das inkriminierte Geld in das Unternehmen A (Einzelhandel). A bezieht von Unternehmen B (Erzeuger) die georderte Ware und zahlt mit dem inkriminierten Geld. Dieses Geld fließt weiter von B zu Unternehmen C (Rohstofflieferant). Während das illegal erwirtschaftete Geld bereits durch den gesamten Konzern geflossen ist, storniert K seine Bestellung. A akzeptiert die Stornierung und überweist die Anzahlung abzüglich der Stornogebühr auf ein anderes von K genanntes Konto. Dieses Konto liegt auf den Cayman-Islands, auf denen K mehrere Scheinfirmen betreibt. Auf das Geld kann K mit einer Kreditkarte, die auf den Namen der Scheinfirma läuft, zugreifen und kann von ihm für legale Tätigkeiten verwendet werden. Um die Papierspur noch weiter zu verwischen, hat K außerdem die Möglichkeit, das Geld mithilfe von Strohmännern weiter auf verschiedene Konten seiner anderen Scheinfirmen zu überweisen. Somit ist die Geldspur kaum verfolgbar. Durch ein Scheingeschäft (z.B. Beratungsdienstleistung) mit seiner eigenen Scheinfirma gelangt das Geld dann zurück zu K.

Dieses Szenario wird so ähnlich von der Zentralstelle für Verdachtsmeldungen als möglicher Anhaltspunkt für den Nichtfinanzsektor, der auf eine Geldwäschehandlung hindeuten kann, genannt. Sofern der Mitarbeiter von A die in Kapitel 5.2 genannten Hinweise zur Geldwäscheprävention beachtet, kann das Anhaltspunktepapier helfen. Da aber auch die Möglichkeit besteht, dass eine langjährige Geschäftsbeziehung mit K besteht, bei der es bisher keine negativen Vorfälle gab, kann es sein, dass der Mitarbeiter von A keine Überprüfung als notwendig empfand. Die Konsequenz dieser unsorgfältigen Vorgehensweise ist, dass das Unternehmen A mit dem inkriminierten Geld infiziert wird und sich dieses innerhalb des Konzerns verbreitet.

Im Folgenden wird der Aufbau eines Compliance-Programms in einem vertikalen Konzern näher betrachtet. Bei der Entwicklung des Compliance-Programms und dessen Maßnahmen müssen die jeweilige Branche und die Unternehmensstruktur berücksichtigt werden. Da in diesem vertikalen Konzern die Tochtergesellschaften unterschiedliche Geschäftsmodelle haben, unterscheiden sich auch die CMS-Maßnahmen, die jedes Unternehmen zur Geldwäscheprävention treffen kann.

Im ersten Schritt werden Präventionsmaßnahmen innerhalb des Compliance-Programms entwickelt. Dazu zählt die Schaffung einer Compliance-Kultur, in der die Werte und Verhaltensanforderungen durch klare Kommunikation des Managements verbreitet werden. Den Mitarbeitern muss bekannt sein, dass die Geldwäscherichtlinie in der CMS-Struktur verankert ist. Die Entscheidungsträger im Konzern müssen festlegen, ob die Richtlinien konzernweit gelten oder ob die Konzerntöchter individuelle Maßnahmen ergreifen. Dies ist insbesondere bei international agierenden Konzerngesellschaften entscheidend. In diesem Beispiel könnte der Rohstofflieferant seinen Sitz in einem anderen Land als der Erzeuger und Einzelhandel haben. Da in anderen Ländern häufig andere geldwäscherechtliche Pflichten gelten, muss entschieden werden, ob die Gesellschaften nach deutschem oder nach regionalem Recht agieren. Des Weiteren müssen kulturelle Unterschiede berücksichtigt werden. In diesem Beispiel wird davon ausgegangen, dass einheitliche konzernweite Regelungen vorgesehen sind.

Die Schaffung einer einheitlichen Compliance-Kultur spielt insbesondere bei den beiden Unternehmen am Anfang der Wertschöpfungskette eine entscheidende Rolle. Da keine Geschäfte mit externen Partnern abgeschlossen werden, besteht in den beiden Unternehmen lediglich das Risiko der intern betriebenen Geldwäsche. Insbesondere bei Routineaktivitäten ist die Awareness der Mitarbeiter für bedenkliche Gegebenheiten wichtig. Die regelmäßige Kommunikation des Wertekatalogs und des Verhaltenskodex sowie die erkennbare Befürwortung des Top Managements der Konzerngeldwäscherichtlinie können die Mitarbeiter sensibilisieren und zu einem regelkonformen Verhalten beitragen. Die Einrichtung eines Hinweisgebersystems ist ebenfalls ein wichtiges Element, das beim Aufbau des Compliance-Programms berücksichtigt werden sollte. Weitere Anreize, sich regelkonform zu verhalten, können durch bestimmte Motivationsfaktoren (z.B. Bonus-Regeln) geschaffen werden. Des Weiteren sollte klar geäußert werden, dass Verstöße nicht toleriert und angemessen sanktioniert werden.

Die Unternehmen der ersten beiden Wertschöpfungsstufen haben keine Geschäftsbeziehung zu externen Kunden und haben aufgrund dessen auch keine Einnahmen außerhalb des Konzerns. Das Risiko, Opfer von externen Geldwäscheaktivitäten zu werden, ist dementsprechend als gering einzustufen. Das einzige Geldwäscheszenario kann in dem Fall nur im Erhalt inkriminierter Gelder bestehen. Damit ist der Blick auf den Sitz und die Geschäftstätigkeit des Unternehmens A zu bestimmen und zu berücksichtigen. Das Unternehmen der letzten Wertschöpfungsstufe wird von externen Kunden bezahlt. Das Risiko der extern betriebenen Geldwäsche kann an der Stelle als sehr hoch eingestuft werden.

Im Risikoszenario tritt ein Fall auf, der im Anhaltspunktepapier der FIU genannt ist. Der Mitarbeiter des Unternehmens A kommt seinen Sorgfaltspflichten nicht nach. Es erfolgte keine sorgfältige Überprüfung des Geschäftspartners. Des Weiteren tätigte K die Überweisung aus dem Ausland. Bei der Risikoanalyse ist es wichtig, das Länderrisiko einzustufen, da ein internationaler Zahlungsverkehr die Verfolgung der Spuren der Herkunft des unsauberen Geldes erschwert. Für die Bewertung des Länderrisikos können verschiedene Kriterien herangezogen werden. Dazu kann bspw. überprüft werden, ob es sich um einen Mitgliedsstaat der EU mit ähnlichen Rechtsvorgaben handelt, ob es negativ von der FATF bewertet wurde und welchen Rang es auf der CPI-Liste erreicht.

Schulungsmaßnahmen und Trainings können in dem Fall unterstützen, Mitarbeiter für geldwäscherelevanten Tätigkeiten zu sensibilisieren und auf dem laufenden Stand bekannter Geldwäschemethoden zu halten. Anhand von Risikoszenarien können aktuelle Techniken der Geldwäscher auf Workshops thematisiert werden. Mithilfe geschäftsbezogener Indikatoren für potentiell geldwäscherelevante Vorgänge können beispielhafte Sachverhalte nachgespielt und Lösungsansätze und Verhaltensweisen erarbeitet werden.

Hier kommen grundsätzlich zwei verschiedene Schulungstypen in Betracht. Es gibt die Möglichkeit von Präsenzschulungen, die durch die intern verantwortliche Abteilung oder von externen Experten durchgeführt werden. Eine andere Möglichkeit ist die Durchführung von E-Learnings, anhand derer die Mitarbeiter über aktuelle Geldwäschemethoden und -risiken informiert und geschult werden können. E-Learnings eignen sich insbesondere für große Unternehmen und Konzerne, da eine enorme Reichweite ohne erheblichen logistischen Aufwand abgedeckt werden kann. Der Kostenaufwand kann im Vergleich zu den Präsenzschulungen relativ gering gehalten werden. Die Mitarbeiter sind in der Ausführung der Web-Trainings flexibel und können durch interaktiv gestaltete Aufgaben ihr Wissen erweitern. Die Ergebnisauswertungen können Hinweise auf Wissenslücken und weiteren Schulungsbedarf liefern.

Präsenzschulungen auf der anderen Seite haben den Vorteil, dass Mitarbeiter Fragen stellen und bestimmte Punkte ausdiskutieren und vertiefen können. Durch Gruppenarbeit und Rollenspiele können alltagsnahe Situationen behandelt werden und somit die Mitarbeiter für relevante Themen sensibilisieren. Des Weiteren kann durch die Anwesenheit von hochrangigen Unternehmensmitgliedern bei einer Präsenzschulung zum Thema Geldwäscheprävention die Wichtigkeit des Themas demonstriert werden. Zusätzlich können die verantwortlichen Ansprechpartner kennengelernt werden, was zu einer vertrauensvollen Zusammenarbeit beitragen kann.

Beim vertikalen Konzern müssen bei der Entwicklung von Schulungsmaßnahmen die Strukturen der einzelnen Gesellschaften berücksichtigt werden. Die intrinsische Motivation zu regelkonformem Verhalten spielt insbesondere bei den Unternehmen am Anfang der Wertschöpfungskette eine große Rolle. Aus diesem Grund ist es hier empfehlenswert, Präsenzschulungen durchzuführen. Im Vordergrund sollten die Sensibilisierung der Mitarbeiter sowie die Verdeutlichung der Relevanz von Compliance in ihrem Arbeitsalltag stehen.

Das Unternehmen der letzten Wertschöpfungskette hat direkten Kontakt zum Endkunden. Es ist von hoher Bedeutung, dass den Mitarbeitern aktuelle Geldwäschemethoden bekannt sind. Präsenzschulungen allein reichen hier nicht aus. Die Beschäftigten sollten in regelmäßigen Abständen ebenfalls durch E-Learnings auf den neuesten Kenntnisstand gebracht werden und ihr Wissen erweitern.

Bei der Entwicklung von Schulungsmedien müssen nationale Präferenzen berücksichtigt werden. Die Einführung von Compliance-Blogs und Webinaren oder der Versand von internen Newslettern tragen zusätzlich dazu bei, möglichst viele Beschäftigte zu erreichen.

Nach intensiver Prüfung der Identität des Kunden hätte auffallen können, dass dieser kein langjähriger vertrauenswürdiger Kunde ist. Bei einer Verdachtsmeldung durch A hätte ggf. ein Konzerngeldwäschebeauftragter oder -experte unterstützen können.

Im Rahmen von Gefährdungsanalysen oder Compliance-Audits muss geprüft werden, ob Pflichten zur Abgabe von Verdachtsmeldungen, zur Erfüllung kundenbezogener Sorgfaltspflichten oder zur weiteren Sachverhaltsaufklärung existieren. Ggf. muss das Compliance-Programm angepasst und nachgebessert werden.

Sobald Regelverstöße bekannt werden, muss auf diese schnell und konsequent reagiert werden. Dazu zählen das Verhängen angemessener Sanktionen und die Identifikation möglicher Ursachen für die Regelverstöße, wie in diesem Fall z.B. die nicht erfüllten Sorgfaltspflichten von Mitarbeiter A. Wenn A erstmalig gegen Richtlinien verstoßen hat, reichen eine Mahnung und zusätzliche Schulungsmaßnahmen aus. Sollte es zu einem erneuten Verstoß kommen, müssen strengere Maßnahmen wie z.B. die Versetzung in eine andere Abteilung oder sogar die Entlassung von A in Betracht gezogen werden. Wichtig dabei ist auch die externe Kommunikation von Sanktionierungsmaßnahmen und Krisenfällen, um Gerüchten vorzubeugen und die Reputation des Unternehmens und des gesamten Konzerns, also auch der vorgelagerten Unternehmen, zu schützen.

Anschließend muss eine angemessene Dokumentation erfolgen, um das Programm zu verbessern. Mit der Dokumentation von durchgeführten Gefährdungsanalysen können Unternehmen bei Prüfungen nachweisen, dass die getroffenen Maßnahmen dem individuellen Unternehmensrisiko entsprechen.

5.3.2 Risikoszenario in einem horizontalen Konzern

Ein beispielhafter **horizontaler Konzern** besteht aus drei Tochterunternehmen, die auf der gleichen Produktions- oder Handelsstufe arbeiten. Der Unterschied zum vertikalen Konzern ist, dass sich die Unternehmen auf der gleichen Ebene zusammenschließen und nicht in vor- bzw. nachgelagerten Stufen arbeiten. Ein Beispiel hierfür ist ein Brauereikonzern, der unterschiedliche Biermarken in verschiedenen Tochterunternehmen herstellt, um dadurch eine möglichst hohe Verbreitung der Produkte zu ermöglichen. Die Tochterunternehmen können einen unterschiedlichen Absatzmarkt (Endkunden) oder auch einen gemeinsamen Absatzmarkt (Großkunden) haben. Das Geld fließt vom Absatzmarkt in das jeweilige Tochterunternehmen. Der Produktfluss ist dementsprechend entgegengesetzt. In diesem Beispiel beziehen die Tochterunternehmen ihre Rohstoffe von externen Anbietern. Das Risiko, dass inkriminiertes Geld in das Unternehmen und damit in den Konzern gelangt, liegt in diesem Beispiel beim Absatz. Haben die Tochterunternehmen einen unterschiedlichen Absatzmarkt und wird Tochterunternehmen A für ein Produkt mit illegal erwirtschaftetem Geld bezahlt, hat dies keine konzerninternen Auswirkungen. Von Tochterunternehmen A fließt kein Geld zu einem der beiden anderen Unternehmen, sondern zum externen Einkaufspartner. Häufig haben horizontale Konzerne jedoch einen gemeinsamen Abnehmer für die Produkte der Tochterunternehmen. In diesem Fall kann es durch den Zentralvertrieb zu Synergieeffekten kommen und das inkriminierte Geld verteilt sich innerhalb des gesamten Konzerns (Abbildung 12).

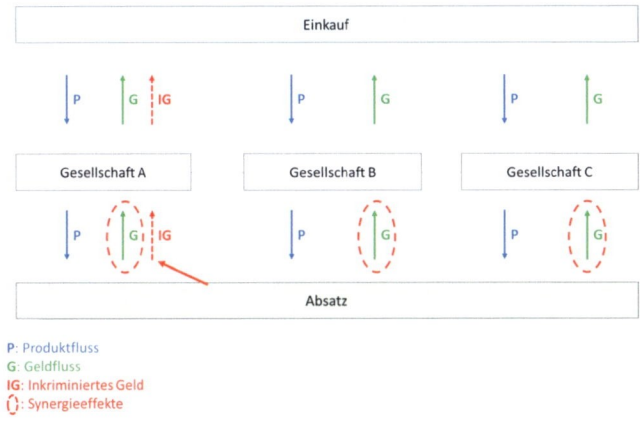

P: Produktfluss
G: Geldfluss
IG: Inkriminiertes Geld
〔〕: Synergieeffekte

Abbildung 12: Horizontaler Konzern
Quelle: eigene Darstellung (2016).

Risikoszenario 2

Kunde K bestellt bei Gesellschaft A eine große Menge an Waren. Den sehr hohen Gesamtpreis möchte er mit mehreren Prepaidkarten zahlen. Nachdem der Verkäufer V der Gesellschaft A gegenüber K Zweifel äußert, bietet dieser ihm zehn weitere Prepaidkarten im Wert von 1.000 Euro an. Da die finanzielle Situation von V momentan nicht so gut ist, akzeptiert er das Geschäft.

Das Geld von K stammt aus illegalen Schmuggelgeschäften. Die Prepaidkarten hat er an verschiedenen Tankstellen und Kioske gekauft und mit jeweils 100 Euro aufgeladen, da bis zu diesem Limit bisher keine Identifizierungspflicht besteht.[321] Durch Kontakte aus dem Umfeld von V wusste er, dass dieser finanzielle Probleme hat und vermutete, dass er mit einem kleinen Anreiz leicht zu überzeugen wäre.

Durch das Zustandekommen des Kaufvertrags gelangt das inkriminierte Geld durch den Verkäufer V in die Gesellschaft A. Da der Käufer K lediglich mit Gesellschaft A verhandelt hat, gibt es in diesem Szenario keine Synergieeffekte mit den anderen Gesellschaften.

Die Tochtergesellschaften des horizontalen Konzerns haben gleiche Geschäftsmodelle. Aus diesem Grund kann das Compliance-Programm identisch aufgebaut werden. Es kann vorkommen, dass unterschiedlichen Maßnahmen implementiert werden, sofern die Konzerntöchter ihren Sitz in verschiedenen Ländern haben und keine konzerninternen Regeln gelten. Da die

---

[321] Kayl/ Lietzau (2016).

Tochtergesellschaften eine vergleichbare Risikostruktur haben, macht es aber Sinn, konzernweite Maßnahmen zu entwickeln, die für alle Gesellschaften gelten. Dies ist innerhalb einer Gefährdungsanalyse wie oben beschrieben zu erörtern.

Im Rahmen des Compliance-Programms spielt auch in diesem Beispiel die Compliance-Kultur eine große Rolle. Es ist erkennbar, dass V mit einigen Anhaltspunkten, die auf Geldwäscheaktivitäten hindeuten können, vertraut ist. Er wird skeptisch, als K eine hohe Rechnung mit Prepaid Karten zahlen will. Man könnte daraus schließen, dass K durch Schulungsmaßnahmen oder durch interne Newsletter und Merkblätter auf verschiedene Hinweise zu Geldwäschetätigkeiten aufmerksam gemacht wurde. Das würde dafür sprechen, dass seitens der Konzernführung Maßnahmen zur Information und Beratung getroffen wurden.

Dennoch verhielt sich V nicht im Sinne des Unternehmens. Es könnte sein, dass ihm trotz Schulungsmaßnahmen die Konsequenzen nicht bewusst waren oder er dem Verhaltenskodex nicht die entsprechende Relevanz beimaß bzw. die Verbesserung der eigenen finanziellen Situation als relevanter empfand.

Nicht alle Mitarbeiter eines Unternehmens verstehen den Nutzen von Compliance. Aus diesem Grund muss ein Ziel der Kommunikationsstrategie sein, den Nutzen von Compliance zu betonen und die Akzeptanz bei den Mitarbeitern zu erreichen. Deshalb ist es entscheidend, neben Betonung der Notwendigkeit von Compliance-Vorgaben, auch das klare Commitment der Unternehmensleitung, die Hintergründe und Zielsetzungen einzelner Regelungen sowie die Maßnahmen und Konsequenzen bei Compliance-Verstößen nachvollziehbar und transparent zu kommunizieren. Ohne ein eindeutiges Verständnis der individuellen Rollen und Verantwortlichkeiten ist es unwahrscheinlich, dass die Mitarbeiter die Richtlinien akzeptieren und in ihr tägliches Handeln integrieren. Im Rahmen der Compliance-Kommunikation sollte jeder Mitarbeiter überzeugt werden, dass jeder einzelne Beitrag von Bedeutung ist und dass ein Compliance-konformes Verhalten im allseitigen Interesse ist.

Das Mitarbeitergespräch über die Zielvorgaben spielt ebenfalls eine wichtige Rolle beim Thema Compliance. Die vereinbarten Ziele müssen realistisch sein. Eventuell hat V sich bestechen lassen, da er hohen Druck seitens seiner Führungskraft hatte und den Auftrag unbedingt abschließen musste, um seine Ziele zu erreichen. Durch entsprechende Motivationsfaktoren, wie die Auszahlung von Boni, können Mitarbeiter vom rechtskonformen Verhalten überzeugt werden.

Bei der Einstellung des Mitarbeiters hätte man eventuell bereits Nachforschungen anstellen können, ob in der Vergangenheit korruptes Verhalten beobachtet werden konnte. Dazu können z.B. Informationen bei ehemaligen Vorgesetzen angefragt werden. Dabei hätte herauskommen können, dass sich V nicht für die Position mit direktem Kundenkontakt und einer derart hohen Verantwortung eignet.

Eine weitere Möglichkeit ist, dass sich V nicht genug mit dem Unternehmen identifizieren konnte und ihm somit seine Handlung nicht folgenschwer erschien. Um Mitarbeiter zu regelkonformen Verhalten zu ermutigen, ist es wichtig, dass das Top Management sich zu den Richtlinien bekennt und das Leitbild bei bestimmten Anlässen demonstriert. Die Führungskräfte dienen als Vorbild und können einen großen Einfluss auf Mitarbeiter ausüben. Ihre gelebten Werte und das von ihnen gezeigte Verhalten werden von den Mitarbeitern weitgehend reflektiert. Sie müssen demonstrieren, dass sie die Geldwäschebekämpfung im Unternehmen unterstützten und ermöglichen und dass diese Ziele wichtiger sind als bspw. bestimmte wirtschaftliche Ziele zu erreichen. Dadurch sind die Beschäftigten einem geringeren Druck ausgesetzt und können überzeugt werden, im Sinne des Unternehmens zu agieren (Tone from the Top).

Es bietet sich an, in diesem Fall einen Geldwäschebeauftragten hinzuzuziehen. In der Regel muss eine Bestellung erfolgen, wenn die in Tabelle 1 genannten Voraussetzungen bei dem betreffenden Unternehmen erfüllt sind. Bei mehreren Tochterunternehmen mit unterschiedlichen Standorten ist es sehr wahrscheinlich, dass die einzelnen Unternehmen in den Zuständigkeitsbereich verschiedener Behörden fallen, welche ggf. unterschiedliche Anforderungen haben. Auch für Unternehmen, die weder durch das Geldwäschegesetz noch durch die zuständigen Behörden verpflichtet werden, ist es sinnvoll, eine zuständige Person für das Thema Geldwäscheprävention zu benennen. Durch die Zusammenfassung aller geldwäscherelevanten Sachverhalte bei einer zentralen Zuständigkeit kann gewährleistet werden, dass das Thema die erforderliche Berücksichtigung und eine sachgerechte Behandlung findet. Die erforderlichen Kompetenzen und das notwendige Know-how werden so an einer zentralen Stelle gebündelt, was zur Risikominimierung beitragen kann.

Haben die Tochterunternehmen des horizontalen Konzerns einen gemeinsamen Absatzmarkt, spielen die Compliance-Kommunikation und der Informationsaustausch innerhalb der Tochtergesellschaften eine große Rolle. Durch den Austausch von Erfahrungen, Vorkommnissen sowie Informationen zu bestimmten Kunden können sich die Unternehmen schützen und gemeinsame Maßnahmen treffen: Vorkommnisse wie z.B. ausgelöst durch den Verkäufer V oder Informationen zu bestimmten Kunden, in diesem Falle z.B. über die Zahlungsmethode von K, müssen unbedingt innerhalb der Tochtergesellschaften kommuniziert werden. Es bietet sich an, eine hybride Organisationsstruktur einzuführen, in der jede Tochtergesellschaft einen verantwortlichen CCO hat, der die lokalen Informationen sammelt und an einen zentralen CCO berichtet, der die Daten zentral koordiniert.

5.3.3 Risikoszenario in einem Mischkonzern

Ein beispielhafter **Mischkonzern** besteht aus vier Tochtergesellschaften, die unterschiedliche Wertschöpfungsketten haben, in verschiedenen Branchen tätig sind und nicht im Wettbewerb miteinander stehen. Ein Beispiel hierfür ist ein Konzern mit gleichzeitigen Aktivitäten in Energietechnik, Medizintechnik, Immobilien und Industrie. Durch Abdeckung der unterschiedlichen Geschäftsfelder hat jedes Tochterunternehmen einen eigenen Absatzmarkt und keine Geschäftsbeziehung zu den anderen Konzerntöchtern. Fließt also inkriminiertes Geld in Tochtergesellschaft C (bspw. Geschäftsfeld Immobilien), hat dies keinerlei Auswirkungen auf die anderen Tochterunternehmen des Konzerns. Das Risiko, dass illegal erwirtschaftetes Geld in den Konzern gelangt, ist in jedem Tochterunternehmen unterschiedlich, da jedes Unternehmen verschiedene Vertragspartner hat. Abhängig vom jeweiligen Geschäftsmodell ist das Risiko dafür auch unterschiedlich hoch (Abbildung 13).

P: Produktfluss
G: Geldfluss
IG: Inkriminiertes Geld

Abbildung 13: Mischkonzern
Quelle: eigene Darstellung (2016).

Risikoszenario 3

Kunde K kauft eine Immobilie von Unternehmen C. Der Käufer zeigt im Vorhinein kein besonderes Interesse an den Eigenschaften der Immobilie. Er hinterfragt weder die Qualität der Konstruktion, noch will er einen Besichtigungstermin vereinbaren. Am Tag der Übergabe bringt er einen Koffer voller Bargeld zur Zahlung mit. Kurze Zeit später verkauft K die Immobilie an eine weitere Person X und verlangt von diesem eine Überweisung auf sein Konto.

K führt verschiedene illegale Geschäfte aus. Da die Einnahmen aus diesen nicht bekannt werden dürfen, kauft K Immobilien. Das mitgebrachte Bargeld stammt aus seinen illegalen Einnahmen. Durch die Annahme des Bargeldes durch C und die Einzahlung auf das Firmenkonto, gelangt das inkriminierte Geld in das Unternehmen. Durch den Verkauf der Immobilie von K an X, erhält K eine legale Überweisung und hat somit scheinbar weißes Geld.

Das Risikoszenario umfasst mehrere Anhaltspunkte, die von der FIU als mögliche Hinweise auf Geldwäscheaktionen genannt werden. Ein entscheidender Anhaltspunkt ist das fehlende Interesse von K an der Immobilie. In der Regel sollte ein Käufer einen Besichtigungstermin wahrnehmen, die Qualität der Konstruktion überprüfen und sich für weitere Eigenschaften interessieren. Es ist ungewöhnlich einem Kauf zuzustimmen, ohne das Objekt zuvor begutachtet zu haben. Ein weiterer Hinweis auf Geldwäsche liefert die Zahlungsweise von K. Es ist unüblich derart große Beträge in bar zu bezahlen.

Wie in den letzten Risikoszenarien erläutert, sollten auch in diesem Fall verschiedene Überprüfungen und Nachforschungen angestellt werden, wenn verschiedene Anhaltspunkte beobachtet werden können. Zunächst sollte die Identität des Kunden und alle notwendigen Dokumente überprüft werden. Des Weiteren kann kontrolliert werden, ob Immobiliengeschäfte im Verhältnis zur ökonomischen Situation des Kunden stehen. Die Immobilienbranche gilt als Hoch-Risiko-Sektor und Immobiliengeschäfte sind für ihr hohes Gelwäscherisiko bekannt.[322] Insbesondere aus diesen Gründen sollten hier die Sorgfaltspflichten beachtet werden.

Durch die Einzahlung auf das Firmenkonto gelangt das inkriminierte Geld in das Unternehmen C. Auf die anderen Tochtergesellschaften des Konzerns hat dies keine Auswirkungen. Pro Gesellschaft müssen verschiedene CMS-Maßnahmen getroffen werden, da es sich um unterschiedliche Geschäftsmodelle handelt. Auch muss pro Gesellschaft eine unterschiedliche GwG konforme Risikoanalyse durchgeführt werden. Entsprechend der unterschiedlichen Risikostrukturen werden danach angemessene Maßnahmen abgeleitet.

Unternehmen C ist in der Immobilienbranche tätig. Dadurch müssen andere Anhaltspunkte beachtet werden als bei den Unternehmen A, B, und D, die in anderen Geschäftsfeldern aktiv sind.

---

[322] Vgl. Dietz (2016).

Des Weiteren muss der Standort der jeweiligen Gesellschaft berücksichtigt werden. Bei Unternehmen B, das seinen Standort in Italien hat, wäre die Zahlung in bar z.B. gar nicht möglich, da dort bisher eine Obergrenze für das Bezahlen mit Bargeld in Höhe von 1.000 Euro existiert.[323]

Bei den Schulungs- und Trainingsmaßnahmen sowie bei der Verbreitung von Informationsmaterial müssen in einem Mischkonzern ebenfalls verschiedene Faktoren berücksichtigt werden. Während die Mitarbeiter der einen Gesellschaft im Büro am Schreibtisch sitzen und einen intern versandten Newsletter zu aktuellen geldwäscherelevanten Themen lesen, müssen Mitarbeiter, die in der Montage arbeiten, über andere Medien wie bspw. Aushänge informiert werden.

Des Weiteren sollte eine Compliance-Prüfung durchgeführt werden, wenn Mitarbeiter befördert werden. Man muss sicherstellen, dass die Mitarbeiter, die in Kundenkontakt treten und Geschäfte abschließen dürfen, über Geldwäschemethoden informiert sind und normkonformes Verhalten unterstützen. Dass C ohne zu Zögern das Geld annimmt, zeigt, dass er entweder nicht ausreichend für eine solche Aufgabe geschult ist oder er seine Sorgfaltspflichten wissentlich nicht ordnungsgemäß erfüllt.

5.3.4 Risikoszenario in einem Mischkonzern mit einem Cash-Pooling-System

In den bisherigen Beispielen wurden Risikoszenarien betrachtet, in denen inkriminiertes Geld von außerhalb in das Unternehmen gelangte. Es wurden verschiedene CMS-Maßnahmen identifiziert, da es sich um unterschiedliche Geschäftsmodelle handelte. Aufgrund dessen musste teilweise eine eigene Risikoanalyse pro Gesellschaft durchgeführt und verschiedene Lösungsansätze gefunden werden.

Es kann noch ein weiterer Fall betrachtet werden, in dem der gesamte Konzern trotz unterschiedlicher Risikolage direkt vom inkriminierten Geld betroffen sein kann. Wenn ein Konzern ein sogenanntes Cash-Pooling-System[324] betreibt, ist es irrelevant, welches der Tochterunternehmen infiziertes Geld erhält. Im konzerninternen Liquiditätsausgleich durch das zentrale Cash-Management,[325] das den Konzerntöchtern Kredite zur Deckung von Liquiditätslücken bereitstellt, leiten die Tochterunternehmen Mittel an den Mutterkonzern, der diese zentral zusammenfasst und verwaltet. Im Gegenzug haben die Tochterunternehmen Rückzahlungsansprüche gegen den Mutterkonzern. Es wird deutlich, wie sich inkriminiertes Geld durch die

---

[323] Simons/ Schlamp (2016).
[324] Mehr zum Thema Cash-Pooling s. Kapitel 5.1.
[325] Mehr zum Thema Cash-Management s. Kapitel 5.1.

Zahlungsprozesse in einem Konzern mit Cash-Pooling-System im ganzen Konzern verteilen kann.

Unabhängig davon, welche Maßnahmen in den verschiedenen Tochterunternehmen gegen Geldwäsche getroffen wurden, kann die Auswirkung auf diese nicht verhindert werden, wenn das Präventionssystem einer einzelnen Tochtergesellschaft Lücken aufweist. Beim Cash-Pooling wird das infizierte Geld aggregiert und möglicherweise an andere Tochtergesellschaften verteilt.

Die Ausgangslage in dem Risikoszenario in einem Mischkonzern mit einem implementierten Cash-Pooling-System ist vergleichbar mit dem beispielhaften Mischkonzern ohne Cash-Pooling-System in Kapitel 5.3.3: Es gibt vier Tochtergesellschaften, die in den Geschäftsfeldern Energietechnik, Medizintechnik, Immobilien und Industrie tätig sind. Im letzten Szenario wurde festgestellt, dass zur Geldwäscheprävention unterschiedliche Maßnahmen pro Gesellschaft getroffen werden müssen, da diese unterschiedliche Geschäftsmodelle, Absatzmärkte und Risikolagen haben. Sofern inkriminiertes Geld in eine der vier Gesellschaften gelangte, hatte dies bei einem Mischkonzern ohne Cash-Pooling-System keinerlei konzerninterne Auswirkungen.

In diesem Szenario besteht im Konzern jedoch ein Cash-Pooling-System, das von der Konzernmutter verwaltet wird. Tochtergesellschaften A, C und D erwirtschaften hohe Gewinne und haben häufig Liquiditätsüberschüsse. Gesellschaft B ist noch nicht so weit entwickelt und es besteht häufig Liquiditätsbedarf. Um mit dem überschüssigen Geld der drei Gesellschaften möglichst hohe Zinsen zu erzielen und um zu verhindern, dass Gesellschaft B ein hoch verzinstes Darlehen von Fremdkapitalgebern aufnehmen muss, wurde ein Cash-Pooling-System implementiert. Am Tagesende werden die Salden der einzelnen Konten immer im Ziel-Konto (dem Cash-Pool) zusammengeführt. Gelangt also inkriminiertes Geld in eines der vier Unternehmen, wird dieses in den Cash-Pool eingezahlt und u.U. an ein anderes weitergegeben (Abbildung 14).

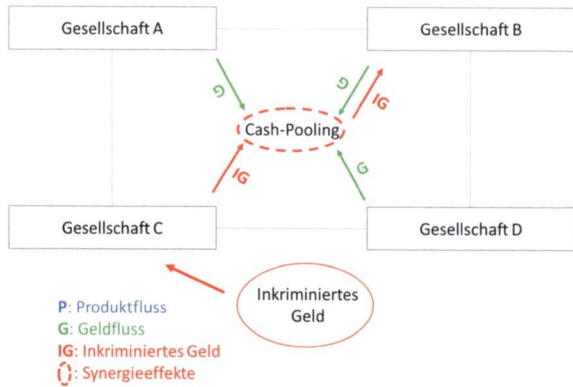

Abbildung 14: Cash-Pooling-System in einem Mischkonzern
Quelle: eigene Darstellung (2016).

Risikoszenario 4

Kunde K erwirbt eine große Menge von wertlosen oder stark fehlerhaften Waren zum üblichen Marktpreis von Gesellschaft C. Die Überweisung erfolgt aus einem Staat, der nicht dem EU-Recht entsprechenden Offenlegungspflichten bzw. gleichwertigen internationalen Standards in Bezug auf Geldwäscheprävention unterliegt. C stimmt dem Kaufvertrag zu, da er so seine leicht beschädigte Ware noch loswerden kann und einen hohen Gewinn erzielt. Da er bereits ein anderes Geschäft mit Kunde K erfolgreich abgeschlossen hatte, wundert er sich nicht über die Überweisung aus dem Ausland.

Das Geld von K stammt aus illegalen Geschäften, die er in einem Land tätigt, in dem er bspw. durch die Bestechung von korrupten Beamten straffrei bleibt. Durch eine unzureichende Überprüfung durch C gelangt das inkriminierte Geld auf das Bankkonto des Unternehmens. Am Ende des Tages fließen die Gewinne von Gesellschaft C in den Cash-Pool. Da Gesellschaft B momentan einen Liquiditätsengpass hat, wird dieser durch eine Zahlung (Kredit) aus dem Cash-Pool ausgeglichen. Das inkriminierte Geld verteilt sich also durch den Cash-Pool auf eine weitere Konzerntochter.

In einem Konzern, der ein Cash-Pooling-System etabliert hat, bieten sich gemeinsame konzernweite Regelungen an. Wird eine Gesellschaft Opfer eines Geldwäschedeliktes, kann dies Auswirkungen auf alle anderen Konzerntöchter haben und auf die Reputation des gesamten Konzerns. Es ist sinnvoll in jeder Tochtergesellschaft einen Mitarbeiter zu bestimmen, der für das Thema Compliance bzw. Geldwäscheprävention verantwortlich ist. Durch ein zentrales Reporting zum CCO des Konzerns, behält dieser den Überblick über die Situationen in den jeweiligen Gesellschaften und kann diese als Vorgesetzter koordinieren. So werden die einheitlichen Compliance-Ziele durchgesetzt und lokale Bedürfnisse können zentral berücksichtigt und bewertet werden.

C überprüft die Zahlung nicht, obwohl er weiß, dass sie aus einem Land kommt, das nicht gleichwertigen internationalen Standards in Bezug auf Geldwäscheprävention unterliegt. Ein weiterer Fehler im Prozess ist die unzureichende Kontrolle. Es würde sich anbieten, Systeme zu installieren, die auffällige Transaktionen, wie bspw. hohe Überweisungen aus dem Ausland, melden.

6 Fazit

Das Thema Geldwäsche ist schon lange nicht mehr nur für Finanzinstitute relevant. Aktuelle Mitteilungen der Presse sowie der Beschluss der Vierten EU-Geldwäscherichtlinie zeigen, dass auch Güterhändler von Geldwäscheaktivitäten bedroht sind. Die Risikoszenarien dieser Studie haben veranschaulicht, dass auch bspw. Verkäufer und Immobilienhändler dem Risiko ausgesetzt sind, in Geldwäschegeschäfte einbezogen zu werden. Mit der bevorstehenden Umsetzung der Vierten Geldwäscherichtlinie, die neben der Stärkung des risikobasierten Ansatzes und der Einführung von zentralen Registern zur Identifizierung der wirtschaftlich Berechtigten auch verschärfte Sanktionen vorsieht, müssen sich Güterhändler spätestens jetzt, schon allein um gesetzliche Strafen und Reputationsschäden zu vermeiden, mit dem Thema befassen.

Häufig fällt es den Ermittlungsbehörden schwer, Geldwäscheaktivitäten in der späten Phase der Integration zu erkennen. Aus diesem Grund ist es wichtig, bereits in der frühen Phase des Placements anzusetzen und präventive Maßnahmen auszuweiten. Dabei ist insbesondere die internationale Zusammenarbeit von erheblicher Bedeutung. Die Arbeit, die die FATF sowie andere internationale Organisationen bereits im Kampf gegen Geldwäsche und Terrorismusfinanzierung leisten, ist äußerst wichtig, um der OK ihr Handeln zu erschweren. Durch die zeitnahe Umsetzung der Vierten EU-Geldwäscherichtlinie in nationales Recht können weitere Maßnahmen dazu beitragen, kriminelle Aktivitäten der OK zu unterbinden. Problematisch ist, dass sich die Geldwäschemethoden der Kriminellen ständig ändern und dass durch den technischen Fortschritt neue Methoden hinzukommen. Aus dem Grund sind eine permanente Forschung auf diesem Gebiet und eine fortwährende Weiterentwicklung der Bekämpfungstechniken notwendig. Für die Unternehmen bedeutet das zusätzliche bürokratische und finanzielle Belastungen. Insbesondere der Schulungsaufwand ist mit hohen Kosten verbunden. Außerdem sind Unternehmen der Gefahr ausgesetzt, durch leichtfertiges Missachten des teilweise schwer verständlichen Gesetzestextes, Bußgelder zahlen zu müssen.

Um dem bürokratischen Mehraufwand entgegenzuwirken, bietet es sich an, die Geldwäscheprävention in ein bestehendes CMS zu integrieren. Die Vorgaben des Geldwäschegesetzes, die neben der Identifizierung des Geschäftspartners auch interne Sicherungsmaßnahmen, Schulungen und umfangreiche Dokumentations-, Aufbewahrungs- und Meldepflichten beinhalten, lassen sich entlang des IDW PS 980 effektiv und effizient im Unternehmen implementieren. Dadurch ergeben sich Synergien und bereits eingerichtete Maßnahmen und Prozesse können genutzt werden. Mit der Einführung eines CMS können Regelverstöße durch vorbeugende organisatorische Maßnahmen vermieden und aufgedeckt, sowie Reaktionen auf festgestellte

Verstöße festgelegt werden. Durch die Schaffung eines stabilen Gefährdungs- und Risikomanagements sowie verlässlicher Kontroll- und Präventionsmaßnahmen werden Unternehmen ihrer Geldwäsche-Verpflichtungen gerecht und schützen sich so vor Bußgeldern, Reputationsschäden und weiteren Sanktionen. Die Erfüllung von Regeln und Standards kann außerdem werbewirksam eingesetzt und gegenüber der Öffentlichkeit als ein Qualitätsmerkmal demonstriert werden. Auch die vom Geldwäschegesetz vorgesehenen hohen Anforderungen an die Dokumentation sowie Melde- und Nachweispflichten werden in ein effizientes CMS integriert. So werden alle Erfordernisse einer erfolgreichen und verantwortungsbewussten Geldwäschebekämpfung in einem bewährten Systemansatz zusammengeführt und regelmäßig verbessert.

Die Risikoanalyse bildet die Voraussetzung und Grundlage für ein leistungsstarkes Geldwäsche-Compliance-Management und für alle weiteren Maßnahmen im Konzern. Sie muss regelmäßig den äußeren Gegebenheiten (z.B. neuen Geldwäschetechniken, Gesetzesänderungen) und internen Veränderungen (z.B. neuen Produkten) angepasst werden. Die Analyse kann Bestandteil einer gruppen- oder konzernweiten Umsetzung sein. Dabei muss aber das individuelle Risiko der einzelnen Tochterunternehmen berücksichtigt werden.

Grundsätzlich können Unternehmen durch die Bildung eines Konzerns viele Vorteile erzielen. Beim Zusammenschluss von Unternehmen können Synergieeffekte genutzt werden. Besonders vertikale und horizontale Konzerne können Kosten im Bereich der Forschung senken und beim Einkauf und in der Vermarktung von der Konzernbildung profitieren.

Unternehmen, die sich aus verschiedenen Geschäftszweigen zusammenschließen, können das wirtschaftliche Risiko einzelner Tochtergesellschaften streuen und durch Gewinne aus den Gesellschaften anderer Branchen kompensieren. Ein weiterer Vorteil bei Mischkonzernen ist die vergleichsweise schlanke Verwaltung.

Wie ein konzernweites CMS ausgestaltet wird, liegt im Organisationsermessen der Konzernleitung. Zu berücksichtigen sind dabei u.a. die Konzernstruktur, Branche, internationale Positionierung und verschiedene Risikoaspekte. Ein dezentraler Aufbau eines CMS führt zu einem großen Einführungsaufwand. Aus Effizienz- und Akzeptanzgründen ist es grundsätzlich vorteilhaft, konzernweite Compliance-Maßnahmen zu konzipieren, das CMS über die gesamte Konzernorganisation auszubreiten und Compliance-Aktivitäten sowie das Reporting nach überwiegend einheitlichen Standards und Programminhalten in möglichst allen Tochtergesellschaften durchzuführen.

Für alle Konzernstrukturen bietet es sich an, ein einheitliches Grundgerüst aufzubauen. Dazu zählt die Schaffung einer allgemein akzeptierten Compliance-Kultur. Dabei sollen Rahmenbedingungen und (soziale) Strukturen geschaffen werden, die die Beschäftigten bei ihren Entscheidungen zu einem normkonformen Verhalten veranlassen. Auch bei der Sensibilisierung der Mitarbeiter zu geldwäscherelevanten Themen können einheitliche Schulungsmethoden eingesetzt werden. Je nach Relevanz und Risikopotential des Themas für verschiedene Positionen und Rollen im Unternehmen müssen verschiedene Risikogruppen gebildet und vertiefte Trainings und Workshops angeboten werden. Die Analyse der Risikoszenarien hat gezeigt, dass umfangreiche Schulungen auf jeder Ebene des Unternehmens notwendig sind. Der Fehler eines Einzelnen kann zu Schäden eines gesamten Konzerns führen, wie die Beispiele des vertikalen Konzerns und des Konzerns mit dem etablierten Cash-Pooling-System gezeigt haben.

In der Analyse wurde deutlich, dass bei der Entwicklung von Maßnahmen gegen Geldwäsche bei vertikalen Konzernen an der letzten Wertschöpfungsstufe angesetzt werden muss. Anders ist es hingegen bei horizontalen Konzernen, deren Tochtergesellschaften auf derselben Handelsstufe liegen. Die Maßnahmen können hier aufgrund gleicher Geschäfts- und Risikostrukturen einheitlich entwickelt und implementiert werden. Ein Mischkonzern ist gekennzeichnet durch Tochterunternehmen mit unterschiedlichen Wertschöpfungsketten, die in verschiedenen Branchen tätig sind. Durch unterschiedliche Geschäftsmodelle, Risikoaspekte und Kundenstrukturen können sich die Maßnahmen, die in ein CMS zur Bekämpfung von Geldwäsche implementiert werden, unterscheiden. Einen besonderen Fall stellt ein Konzern mit einem Cash-Pooling-System dar. Bei einem solchen Konzern muss berücksichtigt werden, dass inkriminiertes Geld, das in ein Tochterunternehmen gelangt, im Cash-Pool des Konzerns gesammelt und von dort ggf. auf andere Tochterunternehmen verteilt wird.

Auch wenn einige Maßnahmen in der Regel konzernweit implementiert werden können, müssen sich Konzerne der Vielfältigkeit ihrer Tochterunternehmen bewusst sein, die sich aus den jeweiligen Geschäftsfeldern sowie aus nationalen Besonderheiten der Länder ergeben. Ein gravierender Verstoß einer einzelnen Tochtergesellschaft kann Auswirkungen auf die Reputation des gesamten Konzerns haben. Nur wenn auch lokale und regionale Unterschiede konsequent bei der Implementierung eines CMS berücksichtigt und entsprechende Maßnahmen definiert werden, kann eine konzernweit angemessene und wirksame Ausgestaltung des CMS erfolgen.

In der Theorie trägt die Implementierung eines CMS zweifelsfrei dazu bei, Konzerne vor Geldwäschedelikten zu schützen. In der Praxis spielen allerdings so viele Faktoren eine Rolle, dass ein vollständig fehlerfreier Aufbau des CMS nur schwer realisierbar ist. Das Beispiel des Risikoszenarios im horizontalen Konzern hat gezeigt, dass die Wirksamkeit eines CMS nur über die Akzeptanz der Mitarbeiter erreicht werden kann. Alle implementierten Maßnahmen sind wirkungslos, wenn die betroffenen Personen die geschaffenen Regelungen nicht anwenden oder nicht verstehen.

Es existiert eine Vielzahl von externen Beratern, die beim Aufbau eines wirksamen CMS unterstützen können. Eine Garantie, dass nicht doch ein Einzelner seine Sorgfaltspflichten missachtet, gibt es allerdings nicht.

Im Allgemeinen können sich Unternehmen vor Geldwäscheaktivitäten schützen, wenn sie die Mindeststandards, wie die Anforderungen der BaFin und die Empfehlungen der FATF, einhalten und regelmäßige Hinweise der FIU berücksichtigen.

Ein Restrisiko, dass Unternehmen zur Geldwäsche missbraucht werden oder intern Geldwäsche betrieben wird, bleibt bestehen. Damit verbunden sind häufig Bußgelder oder Reputationsschäden. Das Unternehmen muss abwägen, ob sich die Kosten für weitere Präventionsmaßnahmen, wie bspw. die Beauftragung von externen Beratern, lohnen und ob es sinnvoll ist, einen Geldwäschebeauftragten hinzuzuziehen, falls dies nicht bereits von der zuständigen Aufsichtsbehörde angeordnet wurde.

Literaturverzeichnis

Ackermann, J.-B. (1992): Geldwäscherei – Money Laundering – Eine vergleichende Darstellung des Rechts und der Erscheinungsformen in den USA und der Schweiz, 1. Aufl., Zürich.

Altenkirch, L. (2006): Techniken der Geldwäsche und ihre Bekämpfung, 2. Aufl., Frankfurt am Main.

Aschke, T. P. (2012): Der Straftatbestand der Geldwäsche im Lichte zivilrechtlicher Erwerbsprinzipien, 1. Aufl., Frankfurt am Main u.a.

Assemblée Nationale (2002): Conférence des Parlements de l'Union européenne contre le blanchiment – Konferenz der Parlamente der Europäischen Union über die Bekämpfung der Geldwäsche, Online im Internet: http://www.assemblee-nationale.fr/Evenements/Blanchiment-de.ASP, abgerufen am 20.04.2016.

BaFin (o.J.a): Financial Action Task Force on Money Laundering (FATF), Online im Internet: http://www.bafin.de/DE/Internationales/GlobaleZusammenarbeit/FATF/fatf_artikel.html?nn= 2696008#F1, abgerufen am 25.11.2015.

BaFin (o.J.b): Die BaFin, Online im Internet: http://www.bafin.de/DE/DieBaFin/diebafin_node.html, abgerufen am 25.04.2016.

BaFin (2015a): Vierte europäische Geldwäsche-Richtlinie und neue Geldtransfer-Verordnung verabschiedet, Online im Internet: https://www.bafin.de/SharedDocs/Veroeffentlichungen/DE/Fachartikel/2015/fa_bj_1506_ geldwaesche.html, abgerufen am 20.11.2015.

BaFin (2015b): Geldwäschebekämpfung, Online im Internet: http://www.bafin.de/DE/Aufsicht/Geldwaeschebekaempfung/geldwaeschebekaempfung_ node.html, abgerufen am 20.11.2015.

BaFin (2015c): Kontoeröffnung von Flüchtlingen – Übergangsregelung hinsichtlich der zulässigen Legitimationsdokumente gem. § 4 Absatz 4 Nr. 1 GwG, Online im Internet: http://www.idw.de/idw/download/BaFin_Legitimationskontrolle.pdf?id=655602&property=D atei, abgerufen am 25.04.2016.

BaFin (2016): Rundschreiben 2/2016 (GW), Online im Internet: http://www.idw.de/idw/download/BaFin_Rundschreiben_2_2016_Geldwaesche.pdf?id=6586 50&property=Datei, abgerufen am 22.04.2016.

Bausch, O./ Voller, T. (2014): Geldwäsche – Compliance für Güterhändler, 1. Aufl., Wiesbaden.

Becker, K. (2012): Geldwäschebekämpfung in Kreditinstituten: Analyse der Rechtsrisiken für Bankmitarbeiter, 1. Aufl., München.

Beste, C. (2010): Praktische Umsetzung des Compliance-Programms aus Beratungssicht, in: Görling, H./ Inderst, C./ Bannenberg, B. (Hrsg.): Compliance – Aufbau – Management – Risiko-bereiche, 1. Aufl., Heidelberg u.a., S. 127-153.

Beyer, N. u.a. (2014): Compliance-Programm, in: KPMG AG Wirtschaftsprüfungsgesellschaft (Hrsg.): Das wirksame Compliance-Management-System – Ausgestaltung und Implementierung in Unternehmen, 1. Aufl., Herne, S. 62-88.

Bezirksregierung Arnsberg (2015): „Kennen Sie Ihren Kunden?" – Geldwäscheprävention nach dem Geldwäschegesetz (GwG) – Kurzübersicht für Unternehmen aus dem Nichtfinanzsektor und Finanzunternehmen, Online im Internet: http://www.bezreg-arnsberg.nrw.de /themen/g/geldwaeschepraevention/merkblaetter/merkbl_nichtfinanz_kurz.pdf, abgerufen am: 06.05.2016.

Bezirksregierung Köln (2015): „Kennen Sie Ihren Kunden?" – Pflichten nach dem Geldwäsche-gesetz (GwG) – Information für Güterhändler, Online im Internet: http://www.bezreg-koeln.nrw.de/ brk_internet/leistungen/abteilung03/34/geldwaeschepraevention/merkblatt_gueterhaendler_ pflichten.pdf, abgerufen am 06.05.2016.

BME (2013): Anforderungen an einen Compliance/CSR-Prozess: Compliance-Risiko: Prävention von Geldwäsche und Terrorismusfinanzierung für Unternehmen, die gewerblich mit Gütern handeln, Online im Internet: https://www.bme.de/fileadmin/_horusdam/1477-BME_C_1260_Compliance-Prozess_Lieferantenmanagement_Geldwaeschepraevention.pdf, abgerufen am: 04.05.2016.

bpb: Bundeszentrale für politische Bildung (2014): Binnenmarkt, Online im Internet: http://www.bpb.de/internationales/europa/europaeische-union/42855/binnenmarkt, abgerufen am 23.11.2015.

Bundeskriminalamt (2005): Warnmeldung der Bundesanstalt für Finanzdienstleistungsaufsicht (BaFin): Warnung vor Tätigkeit als Finanzagent, Online im Internet: http://www.bka.de/nn_206064/DE/ThemenABisZ/Kriminalpraevention/Warnhinweise/050517 __finanzagent.html, abgerufen am 03.05.2016.

Bundeskriminalamt (2014a): Financial Intelligence Unit (FIU) Deutschland Zentralstelle für Verdachtsmeldungen: Newsletter – Anhaltspunktepapier, Online im Internet: http://www.bka.de/nn_257434/DE/ThemenABisZ/Deliktsbereiche/GeldwaescheFIU/ Veroeffentlichungen/FIU2015/Veroeffentlichungen/Newsletter/fiuNewsletter11,templateId= raw,property=publicationFile.pdf/fiuNewsletter11.pdf, abgerufen am 04.04.2016.

Bundeskriminalamt (2014b): Jahresbericht 2014 – Financial Intelligence Unit (FIU) Deutschland, Online im Internet: http://www.bka.de/nn_193364/SharedDocs/Downloads/DE/Publikationen/JahresberichteUnd Lagebilder/FIU/Jahresberichte/fiuJahresbericht2014,templateId=raw,property= publicationFile.pdf/fiuJahresbericht2014.pdf, abgerufen am: 27.04.2016.

Bundeskriminalamt (2016a): Financial Intelligence Unit (FIU) Deutschland – Geldwäschebe- kämpfung – eine gesamtgesellschaftliche Aufgabe, Online im Internet: http://www.bka.de/DE/ThemenABisZ/Deliktsbereiche/GeldwaescheFIU/geldwaesche__node.h tml?__nnn=true, abgerufen am 24.04.2016.

Bundeskriminalamt (2016b): Lagebilder Organisierte Kriminalität, Online im Internet: http://www.bka.de/DE/ThemenABisZ/Deliktsbereiche/OrganisierteKriminalitaet/Lagebilder/ lagebilder__node.html?__nnn=true, abgerufen am 24.04.2016.

Bundesministerium der Finanzen (2016): Monatsbericht des BMF, Online im Internet: http://www.bundesfinanzministerium.de/Content/DE/Monatsberichte/2016/04/Downloads/ monatsbericht-2016-04-deutsch.pdf?__blob=publicationFile&v=3, abgerufen am 09.05.2016.

Cammann, S./ Hartke, J. (2014): Compliance-Ziele, in: KPMG AG Wirtschaftsprüfungsgesell- schaft (Hrsg.): Das wirksame Compliance-Management-System – Ausgestaltung und Imple- mentierung in Unternehmen, 1. Aufl., Herne, S. 27-43.

Carl, D./ Klos, J. (1994): Regelungen zur Bekämpfung der Geldwäsche und ihre Anwendung in der Praxis – Geldwäschegesetz, Gesetz gegen die organisierte Kriminalität, internationale Re- gelungen, 1. Aufl., Bielefeld.

Creifelds, C. (2007): Rechtswörterbuch, 19. Aufl., München.

Daimler AG (2016): Hinweisgebersystem BPO, Online im Internet: https://www.daimler.com/konzern/corporate-governance/compliance/bpo.html, abgerufen am 19.05.2016.

Darmrose, L. (2007): Gefährdungsanalyse und effektive Verhinderung der Geldwäsche – Grundlagen, Risikoanalyse, Präventionsmaßnahmen, 1. Aufl., Saarbrücken.

Deloitte & Touche GmbH Wirtschaftsprüfungsgesellschaft (2016): Geldwäscheprävention bei Güterhändlern, Online im Internet: http://www2.deloitte.com/content/dam/Deloitte/de/Documents/finance/Forensic-Studie-Geldwaeschepraevention_safe.pdf, abgerufen am 15.05.2016.

Deutsche Bundesbank (o.J.): Baseler Ausschuss für Bankenaufsicht, Online im Internet: https://www.bundesbank.de/Redaktion/DE/Glossareintraege/B/baseler_ausschuss_fuer_bankenaufsicht.html, abgerufen am 22.04.2016.

Dietz, P. (2016): Geldwäsche: Hohes Risiko bei Immobiliengeschäften, in: Immobilien Zeitung, 21.04.2016, Online im Internet: http://www.immobilien-zeitung.de/1000032477/geldwaesche-hohes-risiko-bei-immobiliengeschaeften, abgerufen am 11.05.2016.

Dumke, H. (2015): Organisierte Kriminalität: Geldwäsche als Dienstleistung, in: FUNKE MEDIEN NRW GmbH, 22.11.2015, Online im Internet: http://www.derwesten.de/region/geldwaesche-als-dienstleistung-id11312759.html, abgerufen am 01.05.2016.

Egmont Group (2016a): The Egmont Group of Financial Intelligence Units – About, Online im Internet: http://www.egmontgroup.org/about, abgerufen am 24.04.2016.

Egmont Group (2016b): The Egmont Group of Financial Intelligence Units – Membership – List of Members, Online im Internet: http://www.egmontgroup.org/membership/list-of-members, abgerufen am 24.04.2016.

Ernst & Young GmbH (2014): Der IDW PS 980 – Standard zur Prüfung von Compliance-Management-Systemen, Online im Internet: http://www.ey.com/Publication/vwLUAssets/EY_Flyer_zu_IDW_PS_980/$FILE/EY%20Flyer_IDW%20PS%20980.pdf, abgerufen am 28.04.2016.

Europäische Kommission (2016): Pressemitteilung – Kommission stellt Aktionsplan zur Intensivierung der Bekämpfung der Terrorismusfinanzierung vor, Online im Internet: http://europa.eu/rapid/press-release_IP-16-202_de.htm, abgerufen am 22.04.2016.

European Commission (2012): Common Understanding between Member States on third country equivalence under the Anti-Money Laundering Directive (Directive 2005/60/EC), Online im Internet: http://ec.europa.eu/internal_market/company/docs/financial-crime/3rd-country-equivalence-list_en.pdf, abgerufen am 27.04.2016.

European Commission (2015): Tax good governance in the world as seen by EU countries, Online im Internet: http://ec.europa.eu/taxation_customs/taxation/gen_info/good_governance_matters/lists_of_countries/index_en.htm, abgerufen am 20.05.2016.

European External Action Service (2016): Consolidated list of persons, groups and entities subject to EU financial sanctions, Online im Internet: http://eeas.europa.eu/cfsp/sanctions/consol-list/index_en.htm, abgerufen am 27.04.2016.

FATF (2012): International Standards on Combating Money Laundering and the Financing of Terrorism & Proliferation, updated October 2015, FATF, Paris, France, Online im Internet: www.fatf-gafi.org/recommendations.html, abgerufen am 20.04.2016.

FATF (2015): Nicht kooperierende Hoch-Risiko Jurisdiktionen – Verbesserung der weltweiten Einhaltung von Vorschriften zur Verhinderung von Geldwäsche und Terrorismusfinanzierung: Laufendes Verfahren, Online im Internet: http://www.xn--geldwschecompliance-kwb.de/media/files/RS-2015-3_Anlage-2.pdf, abgerufen am 19.05.2016.

FATF-GAFI (2015a): History of the FATF, Online im Internet: http://www.fatf-gafi.org/about/historyofthefatf/, abgerufen am 20.11.2015.

FATF-GAFI (2015b): FATF Members and Observers, Online im Internet: http://www.fatf-gafi.org/about/membersandobservers/, abgerufen am 20.11.2015.

FATF-GAFI (2015c): What do we do, Online im Internet: http://www.fatf-gafi.org/about/whatwedo/, abgerufen am 20.11.2015.

FATF-GAFI (2016a): Money Laundering, Online im Internet: http://www.fatf-gafi.org/faq/moneylaundering/#d.en.11223, abgerufen am 16.04.2016.

FATF-GAFI (2016b): Publications – 53 High-risk and non-cooperative jurisdictions Publications, Online im Internet: http://www.fatf-gafi.org/publications/high-riskandnon-cooperative jurisdictions/?hf=10&b=0&s=desc(fatf_releasedate), abgerufen am 27.04.2016.

FOCUS Online (2016): 100 Milliarden Euro im Jahr – Deutschland laut Studie Eldorado für Geldwäsche, Online im Internet: http://www.focus.de/politik/deutschland/finanzen-deutschland-laut-studie-eldorado-fuer-geldwaesche_id_5455221.html, abgerufen am 09.05.2016.

FONDS professionell Multimedia GmbH (2013): Geldwäsche-Bedrohung durch Cyber-Währung Bitcoin, Online im Internet: http://www.fondsprofessionell.de/news/steuer-recht/nid/geldwaesche-bedrohung-durch-cyber-waehrung-bitcoin/newskategorie/steuer-recht/gid/1010892/newsseite/1, abgerufen am 09.05.2016.

Gabler Wirtschaftslexikon (2016a): Stichwort: Cash Management, Online im Internet: http://wirtschaftslexikon.gabler.de/Archiv/405/cash-management-v7.html, abgerufen am 25.04.2016.

Gabler Wirtschaftslexikon (2016b): Stichwort: Phishing, Online im Internet: http://wirtschaftslexikon.gabler.de/Archiv/1408512/phishing-v4.html, abgerufen am 01.05.2016.

gap consulting AG (o.J.): Geldwäscherei – eine Situationsanalyse, Online im Internet: http://www.gap-consulting.eu/pdf/Kap4_Modell.pdf, abgerufen am 28.04.2016.

Gnändiger, J.-H./ Kronseder, D./ Dürfahrt, M. (2014): Compliance-Risiken, in: KPMG AG Wirtschaftsprüfungsgesellschaft (Hrsg.): Das wirksame Compliance-Management-System – Ausgestaltung und Implementierung in Unternehmen, 1. Aufl., Herne, S. 44-61.

Görling, H./ Inderst, C./ Bannenberg, B. (Hrsg.) (2010): Compliance – Aufbau – Management – Risikobereiche, 1. Aufl., Heidelberg u.a.

Greive, M./ Jost, S./ Tauber, A. (2016): Barzahlung ab 5000 Euro in Deutschland bald illegal, in: WeltN24 GmbH, 03.02.2016, Online im Internet: http://www.welt.de/wirtschaft/article151797880/Barzahlung-ab-5000-Euro-in-Deutschland-bald-illegal.html, abgerufen am 01.03.2016.

Hafner, W. (2002): Im Schatten der Derivate – Das schmutzige Geschäft der Finanzelite mit der Geldwäsche, Frankfurt am Main.

Häring, N. (2016): Die Spur des Geldes, in: Handelsblatt, Nr. 84, 02.05.2016, S. 12.

Harnischmacher, R. F. J. (2008): Internationale Geldwäsche am Beispiel von Offshore-Zentren, in: Die Kriminalpolizei – Zeitschrift der Gewerkschaft der Polizei, Dezember 2008, Online im Internet: http://www.kriminalpolizei.de/ausgaben/2008/dezember/detailansicht-dezember/artikel/internationale-geldwaesche-am-beispiel-von-offshore-zentren.html, abgerufen am 19.05.2016.

Helgesson, K. S./ Mörth, U. (Hrsg.) (2012): Securitization, Accountability and Risk Management – Transforming the public security domain, 1. Aufl., Abingdon, New York.

Henkel AG und Co. KGaA (2013): Henkel's Compliance Management System (CMS), Online im Internet: http://www.henkel.de/blob/39820/591fd9e79da4fbd93fce5c08d540d17a/data/henkel-compliance-management-system.pdf, abgerufen am 05.05.2016.

Herzog, F./ Achtelik, O. (2014): Geldwäschegesetz (GwG), 2. Aufl., München.

Herzog, F./ Mülhausen, D. (2006): Geldwäschebekämpfung und Gewinnabschöpfung – Handbuch der straf- und wirtschaftsrechtlichen Regelungen, 1. Aufl., München.

Höche, T. (2003): Bekämpfung von Geldwäsche und Terrorfinanzierung – Ein Überblick über die aktuelle Rechtslage, 1. Aufl., Köln.

Höpner, A. (2010): Neubürger und Ganswindt – Siemens verklagt zwei Ex-Vorstände, in: Handelsblatt, 25.01.2010, Online im Internet: http://www.handelsblatt.com/unternehmen/industrie/neubuerger-und-ganswindt-siemens-verklagt-zwei-ex-vorstaende/3353502.html, abgerufen am 05.05.2016.

IDW PS 980 (2011): IDW Prüfungsstandard: Grundsätze ordnungsmäßiger Prüfung von Compliance Management Systemen (IDW PS 980), Stand: 11.03.2011.

IHK Bodensee-Oberschwaben (o.J.): Geldwäscheprävention bei Unternehmen, Online im Internet: https://www.weingarten.ihk.de/recht/Weiteres_Wirtschaftsrecht/Vertragsgestaltung_und_abwicklung/Geldwaeschepraevention_GwG_1/1942922#will, abgerufen am 25.04.2016.

IHK Frankfurt am Main (2016a): Auslösetatbestände, Online im Internet: http://www.frankfurt-main.ihk.de/branchen/wirtschaftsberatung/compliance_unternehmenssicherheit/geldwaesche/ausloesetatbestaende/, abgerufen am 22.04.2016.

IHK Frankfurt am Main (2016b): Geldwäschegesetz - Handlungspflichten für Unternehmen, Online im Internet: http://www.frankfurt-main.ihk.de/branchen/wirtschaftsberatung/ compliance_unternehmenssicherheit/geldwaesche/, abgerufen am 06.05.2016.

Inderst, C. (2010): Compliance-Organisation in der Praxis, in: Görling, H./ Inderst, C./ Bannenberg, B. (Hrsg.): Compliance – Aufbau – Management – Risikobereiche, 1. Aufl., Heidelberg u.a., S. 103-127.

Jakobi, A. P. (2012): The FATF as the central promoter of the anti-money laundering regime, in: Helgesson, K. S./ Mörth, U. (Hrsg.): Securitization, Accountability and Risk Management – Transforming the public security domain, 1. Aufl., Abingdon, New York, S. 16-33.

Kayl, M./ Lietzau, J. (2016): Prepaid-Karten – Kreditkarten von der Tankstelle, in Finanztip, 07.03.2016, Online im Internet: http://www.finanztip.de/kreditkarten/tankstelle-prepaid/, abgerufen am 27.04.2016.

Klees, N. (2016): Einkaufstour im dunklen Netz, in: General-Anzeiger Bonn, Nr. 38.475, 30.04.2016/ 01.05.2016, S.10.

Kleinfeld, A./ Müller-Störr, C. (2010): Kommunikation und Hinweisgebersysteme, in: Wieland, J./ Steinmeyer, R./ Grüninger S. (Hrsg.): Handbuch Compliance-Management – Konzeptionelle Grundlagen, praktische Erfolgsfaktoren, globale Herausforderungen, 1. Aufl., Berlin, S. 359-414.

Klippl, I. (1994): Geldwäscherei, 1. Aufl., Wien.

Knoll, T./ Kaven, A. (2010): Risiko und spezifische Rechtsrisiken, in: Wieland, J./ Steinmeyer, R./ Grüninger S. (Hrsg.): Handbuch Compliance-Management – Konzeptionelle Grundlagen, praktische Erfolgsfaktoren, globale Herausforderungen, 1. Aufl., Berlin, S. 457-476.

Kohler, J. (2014): Compliance-Kommunikation, in: KPMG AG Wirtschaftsprüfungsgesellschaft (Hrsg.): Das wirksame Compliance-Management-System – Ausgestaltung und Implementierung in Unternehmen, 1. Aufl., Herne, S. 100-126.

KPMG AG Wirtschaftsprüfungsgesellschaft (Hrsg.) (2014): Das wirksame Compliance-Management-System – Ausgestaltung und Implementierung in Unternehmen, 1. Aufl., Herne.

KPMG AG Wirtschaftsprüfungsgesellschaft (2015): Compliance im Finanzsektor – Herausforderungen und Lösungswege für Kreditinstitute, 3. Auflage, Online im Internet: https://www.kpmg.com/DE/de/Documents/compliance-kreditinstitute-2015-kpmg.pdf, abgerufen am 10.05.2016.

Krieger, D. (2014): Compliance-Organisation, in: KPMG AG Wirtschaftsprüfungsgesellschaft (Hrsg.): Das wirksame Compliance-Management-System – Ausgestaltung und Implementierung in Unternehmen, 1. Aufl., Herne, S. 89-99.

Kuckertz, W. u.a. (Hrsg.) (2016): Fachmann/ Fachfrau für Immobiliardarlehensvermittlung IHK – Vorbereitung auf die IHK-Sachkundeprüfung für die Immobiliendarlehensvermittlung nach § 34i GewO, 1. Aufl., Freiburg, München.

Kulke, U. (2016): Wäschereibesitzer Al Capone erfand die Geldwäsche, in: WeltN24 GmbH, 25.04.2016, Online im Internet: http://www.welt.de/geschichte/article154717096/Waeschereibesitzer-Al-Capone-erfand-die-Geldwaesche.html, abgerufen am 09.05.2016.

Laue, J. C. (2014): Ausgewählte Teilaspekte für erfolgreiches Compliance-Management, in: KPMG AG Wirtschaftsprüfungsgesellschaft (Hrsg.): Das wirksame Compliance-Management-System – Ausgestaltung und Implementierung in Unternehmen, 1. Aufl., Herne, S. 139-178.

Laue, J. C./ Kunz, J. (2014): Ökonomische und rechtliche Bedeutung eines CMS nach IDW PS 980, in: KPMG AG Wirtschaftsprüfungsgesellschaft (Hrsg.): Das wirksame Compliance-Management-System – Ausgestaltung und Implementierung in Unternehmen, 1. Aufl., Herne, S. 1-10.

LG München I (2013): Urteil vom 10. Dezember 2013 – Az. 5HK O 1387/10, 5HK O 1387/10, Online im Internet: https://openjur.de/u/682814.html, abgerufen am 04.05.2016.

Manz, G./ Mayer, B. (2014): Unzureichendes Compliance-System: LG München I verurteilt Vorstandsmitglied auf Schadensersatz in Höhe von 15 Mio. EUR, Online im Internet: http://www.fgvw.de/neues/archiv-2014/unzureichendes-compliance-system-lg-muenchen-i-verurteilt-vorstandsmitglied, abgerufen am 04.05.2016.

Menzies, C. (2006): Sarbanes-Oxley und Corporate Compliance – Nachhaltigkeit Optimierung Integration, 1. Aufl., Stuttgart.

Moosmayer, K. (2012): Compliance – Praxisleitfaden für Unternehmen, 2. Aufl., München.

Müller, C. (1992): Geldwäscherei: Motive – Formen – Abwehr – Eine betriebswirtschaftliche Analyse, 1. Aufl., Winterthur.

Mayer, M. (2016): Experteninterview zu Geldwäsche in Konzernen, geführt vom Verfasser. Düsseldorf, 28.4.2016.

n-tv.de (2016): Verschleiern ist das Ziel – So funktionieren Briefkastenfirmen, Online im Internet: http://www.n-tv.de/wirtschaft/So-funktionieren-Briefkastenfirmen-article17386931.html, abgerufen am 19.05.2016.

Obermayer u.a. (o.J.): Panama Papers – Die Geheimnisse des schmutzigen Geldes – Das sind die Panama Papers, in: Süddeutsche Zeitung GmbH, Online im Internet: http://panamapapers.sueddeutsche.de/articles/56ff9a28a1bb8d3c3495ae13/, abgerufen am 01.05.2016.

Opresnik, M. O./ Rennhak C. (2015): Allgemeine Betriebswirtschaftslehre – Grundlagen unternehmerischer Funktionen, 2. Aufl., Berlin, Heidelberg.

O.V. (2015): Milliardengeschäfte in China – Peking hebt größte Untergrundbank aller Zeiten aus, in Handelsblatt, 21.11.2015, Online im Internet: http://www.handelsblatt.com/ unternehmen/banken-versicherungen/milliardengeschaefte-in-china-peking-hebt-groesste-untergrundbank-aller-zeiten-aus/12621566.html, abgerufen am 10.05.2016.

O.V. (2016): Studie im Auftrag des Finanzministeriums – Geldwäsche mit Luxusgütern fliegt selten auf, in: tagesschau.de, 21.04.2016, Online im Internet: https://www.tagesschau.de/inland/geldwaesche-103.html, abgerufen am 10.05.2016.

Oxford (2010): Oxford Advanced Learner's Dictionary, Stichwort: comply, 8. Aufl., Oxford u.a.

Pentz A./ Sollanek A. (2005): Cash-Pooling im Konzern – Ökonomische und juristische Hinweise für die Praxis, Online im Internet: http://www.boeckler.de/pdf/p_edition_hbs_139.pdf, abgerufen am 25.04.2016.

Petsche A./ Mair K. (2011): Handbuch Compliance, 1. Aufl., Wien.

Petsche, A. (2011): Was ist Compliance?, in: Petsche A./ Mair K. (Hrsg.): Handbuch Compliance, 1. Aufl., Wien, S. 1 ff.

Poppe, S. (2010): Begriffsbestimmung Compliance: Bedeutung und Notwendigkeit, in: Görling, H./ Inderst, C./ Bannenberg, B. (Hrsg.): Compliance – Aufbau – Management – Risikobereiche, 1. Aufl., Heidelberg u.a., S. 1-12.

President's Commission on Organized Crime (1984): The Cash Connection: Organized Crime, Financial Institutions, and Money Laundering (Interim Report to the President and the Attorney General), Online im Internet: https://www.ncjrs.gov/pdffiles1/Digitization/ 166517NCJRS.pdf, abgerufen am 21.03.2016.

Pütz, L. (2011): Compliance – Eine Einführung in die Thematik. Arbeitshilfen für Aufsichtsräte, H. 15. 1. Aufl., Hans-Böckler-Stiftung, Düsseldorf, Online im Internet: http://www.boeckler.de/ pdf/p_ah_ar_15.pdf, abgerufen am 15.02.2016.

Rieder, S./ Falge, S. (2010): Rechtliche und sonstige Grundlagen für Compliance, in: Görling, H./ Inderst, C./ Bannenberg, B. (Hrsg.): Compliance – Aufbau – Management – Risikobereiche, 1. Aufl., Heidelberg u.a., S. 13-29.

Severn Consultancy GmbH (2009): Risikoorientierte Geldwäsche-Prävention – Optimierung interner Sicherungsmaßnahmen durch wirksame Verfahren und bewährte Strategien, Online im Internet: https://www.severn.de/fileadmin/user_upload/severn/WhitePapers/ Whitepaper_Geldwaesche-Praevention_SevernConsultancy_Juli2009_Auszug.pdf, abgerufen am 28.04.2016.

Scheidges, R. (2011): Schattenwirtschaft Deutschland – das Paradies für Geldwäscher, in Handelsblatt, 08.11.2011, Online im Internet: http://www.handelsblatt.com/ politik/deutschland/schattenwirtschaft-deutschland-das-paradies-fuer-geldwaescher/ 5807782.html, abgerufen am 09.05.2016.

Schneider, F./ Dreer, E./ Riegler, W. (2006): Geldwäsche – Formen, Akteure, Größenordnung – und warum die Politik machtlos ist, 1. Aufl., Wiesbaden.

Schneider, O. (2010): Compliance bei der MAN SE Compliance-System: Ausblick auf Basis der Vergangenheit, Online im Internet: http://www.boeckler.de/pdf/ v_2010_04_29_schneider.pdf, abgerufen am 21.03.2016.

Seyad, S. M. (2012): The EU anti-money laundering legal regime, in: Helgesson, K. S./ Mörth, U. (Hrsg.): Securitization, Accountability and Risk Management – Transforming the public security domain, 1. Aufl., Abingdon, New York, S. 34-55.

Simons, S./ Schlamp, H.-J. (2016): Bargeld-Obergrenzen im Ausland – Die Scheinlösung, in Spiegel Online, 07.02.2016, Online im Internet: http://www.spiegel.de/wirtschaft/soziales/ bargeld-obergrenze-in-italien-und-frankreich-normal-a-1075841.html, abgerufen am 27.04.2016.

Ständige Vertretung der Bundesrepublik Deutschland bei der OECD (o.J.): Financial Action Task Force (FATF), Online im Internet: http://www.paris-oecd.diplo.de/Vertretung/parisoecd/de/ 02/O__korruption__geldwaesche/Geldwaesche__FATF.html, abgerufen am 25.11.2015.

Steßl, A. (2014): Compliance-Kultur – unterschätzt und zugleich unerlässlich!, in: KPMG AG Wirtschaftsprüfungsgesellschaft (Hrsg.): Das wirksame Compliance-Management-System – Ausgestaltung und Implementierung in Unternehmen, Herne, S. 14-26.

Suendorf, U. (2001): Geldwäsche – Eine kriminologische Untersuchung, 1. Aufl., Neuwied, Kriftel.

Taschke, J. (2015): Neue Runde im Kampf gegen Geldwäsche, in: Frankfurter Allgemeine Zeitung, Nr. 126, 03.06.2015, S. 18.

Teichmann, H./ Achsnich, G. (2006): Das Geldwäschegesetz – Überblick, in: Herzog, F./ Mülhausen, D. (Hrsg.): Geldwäschebekämpfung und Gewinnabschöpfung – Handbuch der straf- und wirtschaftsrechtlichen Regelungen, 1. Aufl., München, § 29, Rn. 1-54.

The Wolfsberg Group (2015): Global Banks: Global Standards, Online im Internet: http://www.wolfsberg-principles.com/, abgerufen am 23.04.2016.

Theisen, M. R. (2007): Information und Berichterstattung des Aufsichtsrats, 4. Aufl., Stuttgart.

thyssenkrupp AG (2016a): Code of Conduct, Online im Internet: https://www.thyssenkrupp.com/de/unternehmen/compliance/code-of-conduct/, abgerufen am 19.05.2016.

thyssenkrupp AG (2016b): Compliance-Programm, Online im Internet: https://www.thyssenkrupp.com/de/unternehmen/compliance/programm/, abgerufen am 19.05.2016.

Transparency International (2015): Corruption Perceptions Index – Overview, Online im Internet: http://www.transparency.org/research/cpi/overview, abgerufen am 27.04.2016.

Vogt, S. (2006): Begriff, Phänomen und Erscheinungsformen der Geldwäsche, in: Herzog, F./ Mülhausen, D. (Hrsg.): Geldwäschebekämpfung und Gewinnabschöpfung – Handbuch der straf- und wirtschaftsrechtlichen Regelungen, 1. Aufl., München, §§ 1-2, Rn. 1-55.

Wegmann, J. (2014): Compliance-Kultur gem. IDW PS 980, in: KPMG AG Wirtschaftsprüfungs-gesellschaft (Hrsg.): Das wirksame Compliance-Management-System – Ausgestaltung und Implementierung in Unternehmen, 1. Aufl., Herne, S. 11-13.

Weingartner, M. (2014): Finanzen – Wie Schwarzgeld weiß wird – Geldwäsche mit dem Wetter in Zürich, in Frankfurter Allgemeine Zeitung, 23.01.2014, Online im Internet: http://www.faz.net/aktuell/finanzen/fonds-mehr/wie-schwarzgeld-weiss-wird-geldwaesche-mit-dem-wetter-in-zuerich-12764652.html, abgerufen am 27.04.2016.

Wieland, J./ Steinmeyer, R./ Grüninger S. (2010): Handbuch Compliance-Management – Kon-zeptionelle Grundlagen, praktische Erfolgsfaktoren, globale Herausforderungen, 1. Aufl., Berlin.

Withus, K-H. (2014): Überwachung und Verbesserung von CMS, in: KPMG AG Wirtschaftsprü-fungsgesellschaft (Hrsg.): Das wirksame Compliance-Management-System – Ausgestaltung und Implementierung in Unternehmen, 1. Aufl., Herne, S. 127-137.

Wöhe, G./ Döring, U. (2013): Einführung in die Allgemeine Betriebswirtschaftslehre, 25. Aufl., München.

Zeit Online (2012): Organisierte Kriminalität: Geldwäsche in Deutschland auf Rekordhoch, On-line im Internet: http://www.zeit.de/wirtschaft/2012-10/geldwaesche-bka-organisierte-kriminalitaet, abgerufen am 09.05.2016.

Verzeichnis der Gesetze, Rechtsverordnungen & Verwaltungsanweisungen

AktG: Aktiengesetz vom 6. September 1965 (BGBl. I S. 1089), das zuletzt durch Artikel 1 des Gesetzes vom 22. Dezember 2015 (BGBl. I S. 2565) geändert worden ist, Online im Internet: https://www.gesetze-im-internet.de/bundesrecht/aktg/gesamt.pdf, abgerufen am 06.05.2016.

Entwurf eines Gesetzes zur Optimierung der Geldwäscheprävention, BTDS 17/6804, Online im Internet: http://dip21.bundestag.de/dip21/btd/17/068/1706804.pdf, abgerufen am 01.05.2016.

GewO: Gewerbeordnung in der Fassung der Bekanntmachung vom 22. Februar 1999 (BGBl. I S. 202), die durch Artikel 10 des Gesetzes vom 11. März 2016 (BGBl. I S. 396) geändert worden ist, Online im Internet: https://www.gesetze-im-internet.de/bundesrecht/gewo/gesamt.pdf, abgerufen am 06.05.2016.

GwBekErgG: Gesetz zur Ergänzung der Bekämpfung der Geldwäsche und der Terrorismusfinanzierung (Geldwäschebekämpfungsergänzungsgesetz – GwBekErgG) vom 13. August 2008 (BGBl I, S. 1690), Online im Internet: http://www.bundesgerichtshof.de/SharedDocs/ Downloads/DE/Bibliothek/Gesetzesmaterialien/16_wp/gwbekergg/bgbl108s1690.pdf; jsessionid=9332099AC64396412B6CE33E96AF977F.2_cid319?__blob=publicationFile, abgerufen am 19.05.2016.

GwG: Gesetz über das Aufspüren von Gewinnen aus schweren Straftaten (Geldwäschegesetz – GwG) – Geldwäschegesetz vom 13. August 2008 (BGBl. I S. 1690), das durch Artikel 7 des Gesetzes vom 11. April 2016 (BGBl. I S. 720) geändert worden ist, Online im Internet: https://www.gesetze-im-internet.de/bundesrecht/gwg_2008/gesamt.pdf, abgerufen am 06.05.2016.

LOG: Gesetz über die Organisation der Landesverwaltung - Landesorganisationsgesetz (LOG NRW) - Landesrecht Nordrhein-Westfalen vom 10. Juli 1962 (GV. NRW. S. 421), zuletzt geändert durch Artikel 2 des Gesetzes vom 1. Oktober 2013 (GV. NRW. S. 566), Online im Internet: http://www.lexsoft.de/cgi-bin/lexsoft/justizportal_nrw.cgi?xid=146816,1, abgerufen am 01.05.2016.

OrgKG: Gesetz zur Bekämpfung des illegalen Rauschgifthandels und anderer Erscheinungsformen der Organisierten Kriminalität (OrgKG) vom 15. Juli 1992 (BGBl. I, 1992, S. 1302), Online
im Internet: http://www.bgbl.de/xaver/bgbl/start.xav?start=%2F%2F*%5B%
40attr_id%3D%27bgbl192s1302.pdf%27%5D#__bgbl__%2F%2F*%5B%40attr_id%3D%27
bgbl192s1302.pdf%27%5D__1463322144977, abgerufen am 01.05.2016.

Richtlinie des Rates vom 10. Juni 1991 zur Verhinderung der Nutzung des Finanzsystems zum
Zwecke der Geldwäsche (91/308/EWG), Abl. L 166 vom 28. Juni 1991, Online im Internet:
http://eur-lex.europa.eu/legal-content/DE/ALL/?uri=CELEX:31991L0308, abgerufen am
24.04.2016.

Richtlinie 2001/97/EG des Europäischen Parlaments und des Rates vom 4. Dezember 2001 zur
Änderung der Richtlinie 91/308/EWG des Rates zur Verhinderung der Nutzung des Finanzsystems zum Zwecke der Geldwäsche, Online im Internet: http://www.stbk-
niedersachsen.de/fileadmin/Mediathek/Dokumente/Downloads/VO_zweite-
EU-Geldwaescherichtlinie.pdf, abgerufen am 24.04.2016.

Richtlinie 2005/60/EG des Europäischen Parlaments und des Rates vom 26. Oktober 2005, zur
Verhinderung der Nutzung des Finanzsystems zum Zwecke der Geldwäsche und der Terrorismusfinanzierung, ABl. L 309 vom 25. November 2005, Online im Internet: http://eur-
lex.europa.eu/LexUriServ/LexUriServ.do?uri=OJ:L:2005:309:0015:0036:de:PDF,
abgerufen am: 24.04.2016.

Richtlinie (EU) 2015/849 des Europäischen Parlaments und des Rates vom 20. Mai 2015 zur
Verhinderung der Nutzung des Finanzsystems zum Zwecke der Geldwäsche und der Terrorismusfinanzierung, zur Änderung der Verordnung (EU) Nr. 648/2012 des Europäischen Parlaments und des Rates und zur Aufhebung der Richtlinie 2005/60/EG des Europäischen Parlaments und des Rates und der Richtlinie 2006/70/EG der Kommission, Online im Internet:
http://eur-lex.europa.eu/legal-content/DE/TXT/?uri=CELEX%3A32015L0849, abgerufen am
01.05.2016.

VVG: Versicherungsvertragsgesetz vom 23. November 2007 (BGBl. I S. 2631), das zuletzt durch
Artikel 15 des Gesetzes vom 19. Februar 2016 (BGBl. I S. 254) geändert worden ist, Online im
Internet: https://www.gesetze-im-internet.de/bundesrecht/vvg_2008/gesamt.pdf, abgerufen
am 06.05.2016.

Anhang I: Experteninterview zu Geldwäsche in Konzernen

Im Rahmen der Studie wurde eine gezielte Befragung mit einer Führungskraft eines international agierenden Wirtschaftsprüfungsunternehmens geführt. Thema des Interviews war die Bedrohung durch Geldwäsche, der Konzerne ausgesetzt sind. M. Mayer (Name wurde geändert) hat eine Führungsposition in der Compliance-Abteilung des Unternehmens. Aufgrund neuer konkreter Anforderungen für Corporates (Verpflichtete des Nichtfinanzsektors) durch das GwG, beschäftigt sich seine Abteilung mit internen Sicherungsmaßnahmen für Unternehmen.

Frage: Wie kann Geldwäsche im Unternehmen auftreten?

Antwort: Bei der Ausarbeitung von Empfehlungen zur Geldwäschebekämpfung unterscheiden wir grundsätzlich zwischen der intern und der extern betriebenen Geldwäsche. Intern betriebene Geldwäsche bedeutet, dass Geldwäsche aktiv von Beschäftigten des Unternehmens begangen wird. Extern betriebene Geldwäsche beschreibt das Risiko, dass die geschäftliche Tätigkeit des Unternehmens für Geldwäschezwecke missbraucht wird. Hier kann es vorkommen, dass Mitarbeiter unbewusst Geschäfte ausführen, die zu einer Verschleierung der Herkunft inkriminierter Gelder führt.

Frage: Auf welcher Basis entwickelt ihr Maßnahmen und Empfehlungen für diese Unternehmen?

Antwort: Wir behandeln im Rahmen unserer Compliance-Abteilung den Teilbereich Geldwäscheprävention. Die Schwerpunkte der Regulierungsmaßnahmen für die intern betriebene Geldwäsche finden sich in § 261 StGB. § 17 des Geldwäschegesetzes gibt die Regulierungsmaßnahmen der extern betriebenen Geldwäsche vor.

Anhang II: The Egmont Group of Financial Intelligence Units – Mitglieder

No.	Country	FIU
1	Afghanistan	Financial Transactions and Reports Analysis Center of Afghanistan
2	Albania	Drejtoria e Pergjithshme e Parandalimit ter Pastrimit te Parave (DPPPP) General Directorate for the Prevention of Money Laundering (GDPML)
3	Algeria	Cellule de traitement du Renseignement Financier (CTRF) / Financial Intelligence Processing Unit (FIPU)
4	Andorra	Unitat de Prevenció del Blanqueig (UPB) Money Laundering Prevention Unit
5	Angola	Unidade de Informação Financeira (UIF) / Financial Intelligence Unit (FIU)
6	Anguilla	Money Laundering Reporting Authority (MLRA)
7	Antigua, W.I.	Office of National Drug and Money Laundering Control Policy
8	Argentina	Unidad de Información Financiera (UIF)
9	Armenia	Financial Monitoring Center (FMC)
10	Aruba	Meldpunt Ongebruikelijke Transacties - Aruba (MOT-Aruba) Financial Intelligence Unit - Aruba (FIU-Aruba)
11	Australia	Australian Transaction Report & Analysis Centre (AUSTRAC)
12	Austria	Bundeskriminalamt (A-FIU)
13	Azerbaijan, the Republic of	Maliyyə Monitorinqi Xidməti Financial Monitoring Service
14	Bahamas	Financial Intelligence Unit (FIU)
15	Bahrain	Anti-Money Laundering Unit (AMLU)
16	Bangladesh	Bangladesh Financial Intelligence Unit (BFIU)
17	Barbados	Financial Intelligence Unit (FIU)
18	Belarus	Departament Finansovogo Monitoringa Komiteta Gosudarstvenogo Kontrolya Respubliki Belarus Financial Monitoring Centre
19	Belgium	Cellule de Traitement des Informations Financières / Cel voor Financiële Informatieverwerking (CTIF-CFI) Financial Information Processing Unit
20	Belize	Financial Intelligence Unit (FIU)
21	Bermuda	Financial Intelligence Agency (FIA)
22	Bolivia	Unidad de Investigaciones Financieras (UIF) / Financial Investigations Unit (FIU)
23	Bosnia & Herzegovina	Financijsko Obavjestajni Odjel (FOO) Financial Intelligence Department (FID)
24	Brazil	Conselho de Controle de Atividades Financeira (COAF) Council for Financial Activities Control
25	British Virgin Islands	Financial Investigation Agency (FIA)
26	Brunei Darussalam	Bahagian Perisikan Kewangan Dan Penguatkuasaan (BPKP) / Financial Intelligence And Enforcement (FIE, AMBD)

27	Bulgaria	Financial Intelligence Directorate of National Security Agency (FID)
28	Burkina Faso	Cellule Nationale de Traitement des Informations Financières du Burkina Faso (CENTIF-BF) / The National Financial Information Processing Unit of Berkina Faso
29	Cambodia	Cambodia Financial Intelligence Unit (CAFIU)
30	Cameroon	Agence Nationale d'Investigation Financière (ANIF) National Agency for Financial Investigation (NAFI)
31	Canada	Financial Transactions and Reports Analysis Centre of Canada/ Centre d'analyse des opérations et déclarations financières du Canada (FINTRAC/CANAFE)
32	Cayman Islands	Financial Reporting Authority (CAYFIN)
33	Chad	Agence Nationale d'Investigation Financière du Tchad (ANIF) / National Agency for Financial Investigation (NAFI)
34	Chile	Unidad de Análisis Financiero (UAF)
35	Colombia	Unidad de Informacion y Analisis Financiero (UIAF)
36	Cook Islands	Cook Islands Financial Intelligence Unit (CIFIU)
37	Costa Rica	Unidad de Análisis Financiero (UAF) Instituto Costarricense sobre Drogas (ICD)
38	Côte d'Ivoire	Cellule Nationale de Traitement des Informations Financières de Côte d'Ivoire (CENTIF-CI) / National Unit for the Processing of Financial Information in Côte d'Ivoire
39	Croatia	Anti-Money Laundering Office (AMLO)
40	Cuba	Dirección General de Investigación de Operaciones Financieras (DGIOF)
41	Curaçao	The Financial Intelligence Unit Curaçao FIU Curaçao
42	Cyprus	Unit for Combating Money Laundering (MOKAS)
43	Czech Republic	Financní analytický útvar (FAU – CR) Financial Analytical Unit
44	Denmark	SØK / Hvidvasksekretariatet Stadsadvokaten for Særlig Økonomisk Kriminalitet / Hvidvasksekretariatet (HVIDVASK) State Prosecutor for Serious Economic Crime / Money Laundering Secretariat
45	Dominica, W.I.	Financial Intelligence Unit
46	Egypt	Egyptian Money Laundering Combating Unit (EMLCU)
47	El Salvador	Unidad de Investigacion Financiera
48	Estonia	Rahapesu Andmeburo / Money Laundering Information Bureau
49	Fiji	Financial Intelligence Unit, Reserve Bank of Fiji

50	Finland	RAP Keskusrikospoliisi / Rahanpesun selvittelykeskus National Bureau of Investigation / Financial Intelligence Unit
51	France	Traitement du renseignement et action contre les circuits financiers clandestins (TRACFIN) Unit for Intelligence Processing and Action Against Illicit Financial Networks
52	Gabon	National Agency for Financial Investigation (NAFI)
53	Georgia	Saqartvelos Finansuri Monitoringis Samsaxuri Financial Monitoring Service of Georgia (FMS)
54	Germany	Zentralstelle für Verdachtsanzeigen – Financial Intelligence Unit
55	Ghana	Financial Intelligence Centre (FIC)
56	Gibraltar	Gibraltar Co-ordinating Centre for Criminal Intelligence and Drugs/ Gibraltar Financial Intelligence Unit (GCID GFIU)
57	Greece	Foreas Arthrou 7 N.2331/95 Hellenic Anti-Money Laundering and Anti-Terrorism Financing Commission (HAMLC)
58	Grenada	Financial Intelligence Unit (FIU)
59	Guatemala	Intendencia de Verificación Especial (IVE) Special Verification Intendency
60	Guernsey	Financial Intelligence Service (FIS)
61	Holy See (Vatican City State)	Autorita di Informazione Finanziaria (AIF) / Financial Intelligence Authority
62	Honduras	Unidad de Informacion Financiera (UIF)
63	Hong Kong	Joint Financial Intelligence Unit (JFIU)
64	Hungary	Hungarian Financial Intelligence Unit (HFIU), National Tax and Customs Administration
65	Iceland	FIU Iceland
66	India	Financial Intelligence Unit-India (FIU-IND)
67	Indonesia	Pusat Pelaporan dan Analisis Transaksi Keuangan (PPATK) Indonesian Financial Transaction Reports and Analysis Centre (IN-TRAC)
68	Ireland	An Garda Síochána / Bureau of Fraud Investigation (MLIU)
69	Isle of Man	Financial Crime Unit (FCU – IOM)
70	Israel	Israel Money Laundering Prohibition Authority (IMPA)
71	Italy	Banca d'Italia — Unità di Informazione Finanziaria (UIF) Financial Intelligence Unit
72	Jamaica	Financial Investigations Division (FID)
73	Japan	Japan Financial Intelligence Center (JAFIC)
74	Jersey	FCU-Jersey States of Jersey Police - Joint Financial Crimes Unit
75	Jordan	Anti Money Laundering and Counter Terrorist Financing Unit (AMLU Jordan)
76	Kazakhstan, the Republic of	Қазақстан Республикасы Қаржы Министрлігінің Қаржы Мониторинг Комитеті Казахстанский Финансовый Мониторинг (КФМ) Kazakhstan Financial Monitoring (KFM)
77	Korea, Rep. of	Korea Financial Intelligence Unit

78	Kyrgyz Republic	Financial Intelligence Service of the Kyrgyz Republic (FIS)
79	Latvia	Kontroles dienests, Noziedîgi iegûto lîdzeklu legalizâcijas novçrsanas dienests (KD) Control Service - Office for Prevention of Laundering of Proceeds Derived from Criminal Activity
80	Lebanon	Special Investigation Commission (SIC) Fighting Money Laundering
81	Liechtenstein	Einheit für Finanzinformationen (EFFI)
82	Lithuania	Finansiniu Nusikaltimu Tyrimo Tarnyba Prie Lietuvos Respublikos Vidaus Reikalu Ministerijos Pinigu Plovimo Prevencijos Skyrius Financial Crime Investigation Service (FCIS) Under the Ministry of the Interior of the Republic of Lithuania
83	Luxembourg	Cellule de Renseignement Financier (FIU-LUX)
84	Macau	Gabinete de Informação Financeira (GIF) Financial Intelligence Office
85	Macedonia	Ministerstvo za Finansii-Direkcija za Sprecuvanje na Perenje Pari Money Laundering Prevention Directorate (MLPD)
86	Malawi	Financial Intelligence Unit (FIU-Malawi)
87	Malaysia	Unit Perisikan Kewangan, Bank Negara Malaysia (UPWBNM)
88	Mali	Cellule Nationale de Traitement des Informations Financières (CENTIF-Mali)
89	Malta	Financial Intelligence Analysis Unit (FIAU)
90	Marshall Islands	Domestic Financial Intelligence Unit (DFIU)
91	Mauritius	Financial Intelligence Unit (FIU)
92	Mexico	Unidad de Inteligencia Financiera (UIF) Financial Intelligence Unit
93	Moldova	Office for Prevention and Control of Money Laundering
94	Monaco	Service for Information and Monitoring of Financial Networks
95	Mongolia	Санхүүгийн мэдээллийн алба Financial Information Unit of Mongolia (FIU-Mongolia)
96	Montenegro	Administration for the Prevention of Money Laundering
97	Morocco	Unité de traitement du Renseignement Financier (UTRF) Financial Information Processing Unit
98	Namibia	Financial Intelligence Unit (FIC)
99	Nepal	Financial Information Unit (FIU-Nepal)
100	Netherlands	Financial Intelligence Unit – Nederland (FIU-Netherlands)
101	New Zealand	NZ Police Financial Intelligence Unit
102	Niger	National Financial Intelligence and processing unit of Niger (CENTIF-NIGER)
103	Nigeria	Nigerian Financial Intelligence Unit (NFIU)
104	Niue	Niue Financial Intelligence Unit
105	Norway	OKOKRIM / EFE - Enheten for finansiell etteretning The National Authority for Investigation and Prosecution of Economic and Environmental Crime - The Money Laundering Unit
106	Panama, Rep. of	Unidad de Analisis Financiero
107	Paraguay	FIU - Secretaria de Prevención de Lavado de Dinero o Bienes (SEPRELAD)

108	Peru	Unidad de Inteligencia Financiera del Peru (UIF) Financial Intelligence Unit of Peru
109	Philippines	Anti Money Laundering Council (AMLC)
110	Poland	Generalny Inspektor Informacji Finansowej (GIIF) General Inspector of Financial Information
111	Portugal	Unidade de Informação Financeira (UIF)
112	Qatar	Qatar Financial Information Unit (QFIU)
113	Romania	Oficiul Nacional de Prevenire si Combatere a Spalarii Banilor (ONPCSB) National Office for the Prevention and Control of Money Laundering
114	Russia	Federalnaja Sluzhba po Finansovomu Monitoringu / Federal Service for Financial Monitoring (FSFM) / Rosfinmonitoring
115	Samoa	Vaega o Suesuega Faapitoa o Faamatalaga Tau Tupe / Samoa Financial Intelligence Unit (SFIU)
116	San Marino	Agenzia di Informazione Finanziaria (AIF) Financial Intelligence Agency (FIA)
117	Saudi Arabia	Wehdat Altahariyat Al Maliyah Saudi Arabia Financial Investigation Unit (SAFIU)
118	Senegal	Cellule Nationale de Traitement des Informations Financières National Financial Intelligence Processing Unit (CENTIFSENEGAL)
119	Serbia	Uprava Za Spreèavanje Pranja Novca Administration for the Prevention of Money Laundering
120	Seychelles	Seychelles FIU
121	Singapore	Suspicious Transaction Reporting Office (STRO)
122	Sint Maarten	Meldpunt Ongebruikelijke Transacties (M.O.T.) / Financial Intelligence Unit (FIU)
123	Slovakia	Spravodajská jednotka finacnej polície Úradu boja proti organizovanej kriminalite (SJFP UBPOK) Financial Intelligence Unit of the Bureau of Organised Crime
124	Slovenia	Urad RS za Preprecevanje Pranja Denarja Ministrstvo za Finance Office for Money Laundering Prevention (OMLP)
125	Solomon Islands	Solomon Islands Financial Intelligence Unit (SIFIU)
126	South Africa	Financial Intelligence Centre (FIC)
127	Spain	Servicio Ejecutivo de la Comisión de Prevención de Blanqueo de Capitales e Infracciones Monetarias (SEPBLAC) Executive Service of the Commission for the Prevention of Money Laundering and Monetary Infractions
128	Sri Lanka	uQ,H nqoaê tallh Financial Intelligence Unit
129	St. Kitts and Nevis	Financial Intelligence Unit
130	St. Lucia, W. I.	Financial Intelligence Agency
131	St. Vincent and the Grenadines	Financial Intelligence Unit
132	Sweden	Finanspolisen Rikskriminalpolisen (FIPO) National Criminal Intelligence Service, Financial Unit (NFIS)

133	Switzerland	Meldestelle für Geldwäscherei, Bureau de communication en matière de blanchiment d'argent, Ufficio di comunicazione in materia di riciclaggio di denaro Money Laundering Reporting Office – Switzerland (MROS)
134	Syria	Combating Money Laundering and Terrorism Financing Commission
135	Taiwan	Anti-Money Laundering Division (AMLD)
136	Tajikistan	Financial Monitoring Department (FMD)
137	Tanzania	Kitengo cha Kudhibiti Biashara ya Fedha Haramu / Financial Intelligence Unit (FIU)
138	Thailand	Anti-Money Laundering Office (AMLO)
139	Togo	Cellule Nationale de Traitement des Informations Financières du Togo (CENTIF Togo) / Togo Financial Intelligence Unit
140	Trinidad and Tobago	Financial Intelligence Unit (FIU)
141	Tunisia	Tunisian Financial Analysis Committee (CTAF)
142	Turkey	Mali Suçlari Arastirma Kurulu (MASAK) Financial Crimes Investigation Board
143	Turks and Caicos Islands	Royal Turks and Caicos Islands Police Force Financial Crime Unit (FCU)
144	Ukraine	State Committee for Financial Monitoring of Ukraine (SCFM)
145	United Arab Emirates	Anti Money Laundering and Suspicious Cases Unit (AMLSCU)
146	United Kingdom	National Crime Agency (NCA)
147	United States	Financial Crimes Enforcement Network (FinCEN)
148	Uruguay	Unidad de Información y Análisis Financiero (UIAF) Information and Financial Analysis Unit
149	Uzbekistan	Ўзбекистон Республикаси Бош прокуратураси ҳузуридаги Солиқ, валютага оид жиноятларга ва жиноий даромадларни легаллаштиришга қарши курашиш департаменти Department on struggle against tax, currency crimes and legalization of criminal incomes at the Prosecutor General's Office of the Republic of Uzbekistan
150	Vanuatu	Financial Intelligence Unit (FIU)
151	Venezuela	Unidad Nacional de Inteligencia Financiera (UNIF)

Tabelle 2: Mitglieder der Egmont Group
Quelle: in Anlehnung an Egmont Group (2016b).

Anhang III: Auflistung der Vortaten im Sinne des § 261 StGB

Im § 261 StGB wird eine Vielzahl von potentiellen Vortaten zur Geldwäsche genannt. Auf dieser Basis erfolgt in Tabelle 3 eine Auflistung der jeweiligen Straftaten, ohne dass die Liste den Anspruch auf Vollständigkeit erhebt. Auf der linken Seite werden die unmittelbar im Strafgesetzbuch enthaltenen Vortaten aufgezählt. Auf der rechten Seite stehen die Normen anderer Gesetze, auf die § 261 StGB verweist.

Nr.	Vortat	Norm
1	Hochverrat gegen den Bund	§ 81 StGB
2	Hochverrat gegen ein Land	§ 82 StGB
3	Vorbereitung eines hochverräterischen Unternehmens	§ 83 StGB
4	Vorbereitung einer schweren staatsgefährdenden Gewalttat	§ 89a StGB
5	Landesverrat	§ 94 StGB
6	Landesverräterische Ausspähung; Auskundschaften von Staatsgeheimnissen	§ 96 StGB
7	Friedensgefährdende Beziehungen	§ 100 StGB
8	Nötigung von Verfassungsorganen	§ 105 StGB
9	Bildung krimineller Vereinigungen	§ 129 StGB
10	Bildung terroristischer Vereinigungen	§ 129a StGB
11	Kriminelle und terroristische Vereinigungen im Ausland; Erweiterter Verfall und Einziehung	§ 129b StGB
12	Geldfälschung	§ 146 StGB
13	Fälschung von Zahlungskarten, Schecks und Wechseln	§ 152a StGB
14	Meineid	§ 154 StGB
15	Schwerer sexueller Mißbrauch von Kindern	§ 176a StGB
16	Sexueller Mißbrauch von Kindern mit Todesfolge	§ 176b StGB
17	Sexuelle Nötigung; Vergewaltigung	§ 177 StGB
18	Sexuelle Nötigung und Vergewaltigung mit Todesfolge	§ 178 StGB
19	Sexueller Mißbrauch widerstandsunfähiger Personen	§ 179 StGB
20	Zuhälterei	§ 181a StGB
21	Mord	§ 211 StGB
22	Totschlag	§ 212 StGB

Tabelle 3: Auflistung der Vortaten im Sinne des § 261 StGB
Quelle: in Anlehnung an Bausch/ Voller (2014), S. 264 ff.

Nr.	Vortat	Norm
23	Aussetzung	§ 221 StGB
24	Mißhandlung von Schutzbefohlenen	§ 225 StGB
25	Schwere Körperverletzung	§ 226 StGB
26	Körperverletzung mit Todesfolge	§ 227 StGB
27	Menschenhandel zum Zweck der sexuellen Ausbeutung	§ 232 StGB
28	Menschenhandel zum Zweck der Ausbeutung der Arbeitskraft	§ 233 StGB
29	Förderung des Menschenhandels	§ 233a StGB
30	Freiheitsberaub	§ 239 StGB
31	Erpresserischer Menschenraub	§ 239a StGB
32	Geiselnahme	§ 239b StGB
33	Diebstahl	§ 242 StGB
34	Schwerer Bandendiebstahl	§ 244a StGB
35	Unterschlagung	§ 246 StGB
36	Raub	§ 249 StGB
37	Schwerer Raub	§ 250 StGB
38	Raub mit Todesfolge	§ 251 StGB
39	Räuberischer Diebstahl	§ 252 StGB
40	Erpressung	§ 253 StGB
41	Räuberische Erpressung	§ 255 StGB
42	Hehlerei	§ 259 StGB
43	Gewerbsmäßige Bandenhehlerei	§ 260a StGB
44	Betrug	§ 263 StGB

Tabelle 3 (Fortsetzung)

Nr.	Vortat	Norm
45	Computerbetrug	§ 263a StGB
46	Subventionsbetrug	§ 264 StGB
47	Untreue	§ 266 StGB
48	Urkundenfälschung	§ 267 StGB
49	Fälschung beweiserheblicher Daten	§ 269 StGB
50	Mittelbare Falschbeurkundung	§ 271 StGB
51	Unerlaubte Veranstaltung eines Glücksspiels	§ 284 StGB
52	Brandstiftung	§ 306 StGB
53	Schwere Brandstiftung	§ 306a StGB
54	Besonders schwere Brandstiftung	§ 306b StGB
55	Brandstiftung mit Todesfolge	§ 306c StGB
56	Herbeiführen einer Explosion durch Kernenergie	§ 307 StGB
57	Herbeiführen einer Sprengstoffexplosion	§ 308 StGB
58	Mißbrauch ionisierender Strahlen	§ 309 StGB
59	Vorbereitung eines Explosions- oder Strahlungsverbrechens	§ 310 StGB
60	Herbeiführen einer Überschwemmung	§ 313 StGB
61	Gemeingefährliche Vergiftung	§ 314 StGB
62	Gefährliche Eingriffe in den Bahn-, Schiffs- und Luftverkehr	§ 315 StGB
63	Räuberischer Angriff auf Kraftfahrer	§ 316a StGB
64	Störung öffentlicher Betriebe	§ 316b StGB
65	Unerlaubter Umgang mit Abfällen	§ 326 StGB
66	Unerlaubter Umgang mit radioaktiven Stoffen und anderen gefährlichen Stoffen und Gütern	§ 328 StGB

Tabelle 3 (Fortsetzung)

Nr.	Vortat	Norm
67	Bestechlichkeit	§ 332 StGB
68	Bestechung	§ 334 StGB
69	Besonders schwere Fälle der Bestechlichkeit und Bestechung	§ 335 StGB
70	Unterlassen der Diensthandlung	§ 336 StGB
71	Rechtsbeugung	§ 339 StGB
72	Verfolgung Unschuldiger	§ 344 StGB
73	Vollstreckung gegen Unschuldige	§ 345 StGB
74	Falschbeurkundung im Amt	§ 348 StGB
75	Abgabenordnung - Steuerhinterziehung	§ 370 AO
76	Abgabenordnung - Gewerbsmäßiger, gewaltsamer und bandenmäßiger Schmuggel	§ 373 AO
77	Abgabenordnung - Steuerhehlerei	§ 374 Abs. 2 AO
78	Aufenthaltsgesetz - Einschleusen von Ausländern	§ 96 AufenthG
79	Asylverfahrensgesetz - Verleitung zum missbräuchlichen Asylantragstellung	§ 84 AsylVfG
80	Betäubungsmittelgesetz - Straftaten	§ 29 Abs. 1 Satz 1 Nr. 1 BtMG
81	Designgesetz - Strafvorschriften	§ 51 DeisgnG
82	Designgesetz - Strafbare Verletzung eines Gemeinschaftsgeschmacksmusters	§ 65 DesignG
83	Gebrauchsmustergesetz	§ 25 GebrMG
84	Grundstoffüberwachungsgesetz - Strafvorschriften	§19 Abs. 1 Nr. 1 GÜG
85	Halbleiterschutzgesetz - Strafvorschriften	§ 10 HalbISchG
86	Marktorganisationsgesetz - Abgaben	§ 12 Abs. 1 MOG
87	Markengesetz - Strafbare Kennzeichenverletzung	§ 143 MarkenG
88	Markengesetz - Strafbare Verletzung der Gemeinschaftsmarke	§ 143a MarkenG

Tabelle 3 (Fortsetzung)

Nr.	Vortat	Norm
89	Markengesetz - Benutzung geographischer Herkunftsangaben	§ 144 MarkenG
90	Patentgesetz	§ 142 PatG
91	Sortenschutzgesetz - Strafvorschriften	§ 39 SortG
92	Urheberrechtsgesetz - Unerlaubte Verwertung urheberrechtlich geschützter Werke	§ 106 UrhG
93	Urheberrechtsgesetz - Unzulässiges Anbringen der Urheberbezeichnung	§ 107 UrhG
94	Urheberrechtsgesetz - Unerlaubte Eingriffe in verwandte Schutzrechte	§ 108 UrhG
95	Urheberrechtsgesetz - Gewerbsmäßige unerlaubte Verwertung	§ 108a UrhG
96	Urheberrechtsgesetz - Unerlaubte Eingriffe in technische Schutzmaßnahmen und zur Rechtewa	§ 108 b UrhG
97	Wertpapierhandelsgesetz - Strafvorschriften	§ 38 Abs. 1 bis 3 und 5 WpHG

Tabelle 3 (Fortsetzung)

Anhang IV: Risikobasierter Ansatz

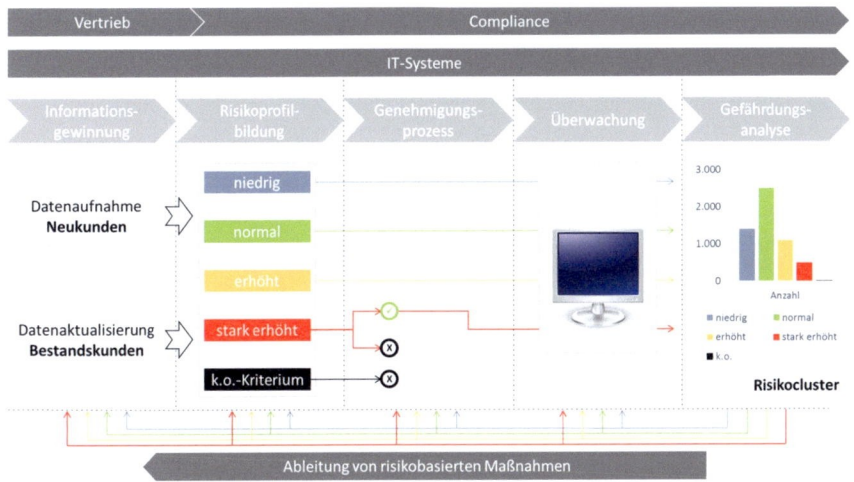

Abbildung 15: Unternehmensübergreifender iterativer Prozess zur Geldwäscheprävention
Quelle: KPMG AG Wirtschaftsprüfungsgesellschaft (2015), S. 15.

Anhang V: Schema zur Überprüfung von natürlichen Personen

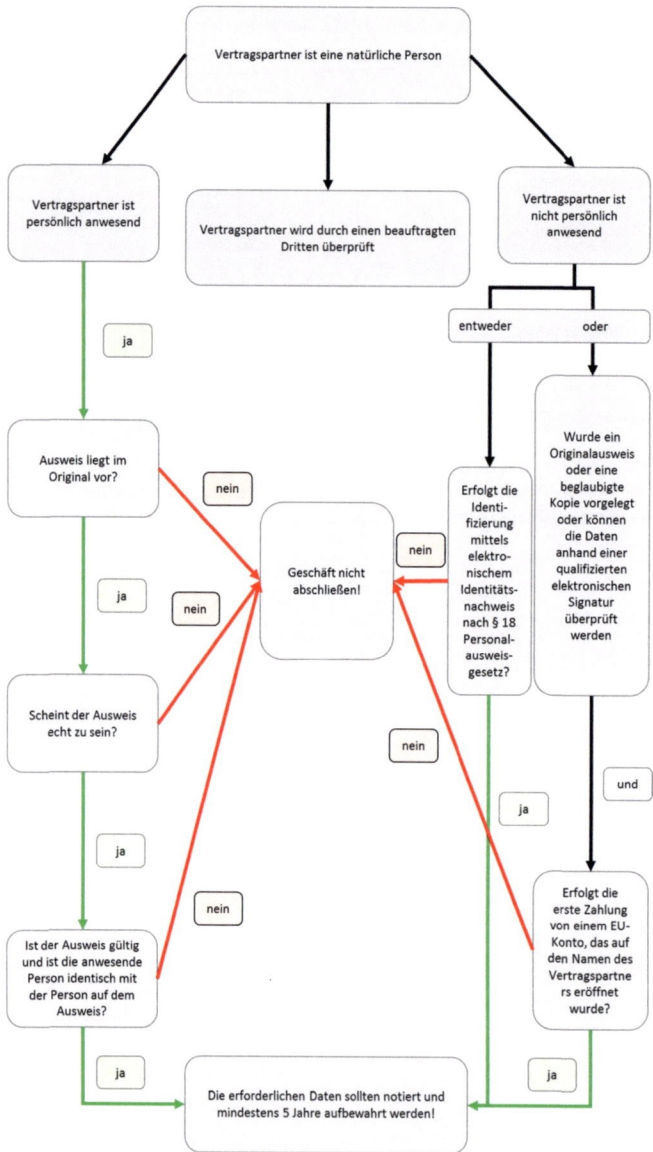

Abbildung 16: Schema zur Überprüfung natürlicher Personen
Quelle: in Anlehnung an Bezirksregierung Köln (2015), S. 8.

Anhang VI: Wirkungsweise der Präventionsmaßnahmen

Abbildung 17 illustriert, wie das Missbrauchsrisiko der Geldwäsche oder Terrorismusfinanzierung durch die Implementierung von angemessenen internen Sicherungsmaßnahmen gesenkt werden kann.

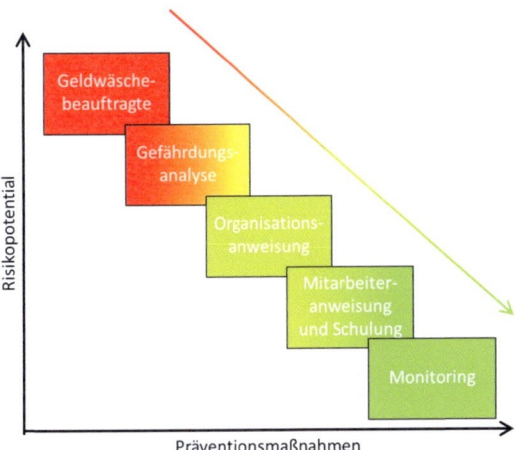

Abbildung 17: Wirkungsweise der Präventionsmaßnahmen im Verhältnis zum Risikopotential
Quelle: Bausch/ Voller (2015), S. 229.